墨香财经学术文库

"十二五"辽宁省重点图书出版规划项目

U0674913

Research on the Relationship of

Task，Social Loafing and Job Performance

工作任务、社会惰化
与工作绩效的关系研究

孙利虎 ◎ 著

东北财经大学出版社　　大连
Dongbei University of Finance & Economics Press

图书在版编目（CIP）数据

工作任务、社会惰化与工作绩效的关系研究 / 孙利虎著. —大连：东北财经大学
出版社，2016.8

（墨香财经学术文库）

ISBN 978-7-5654-2345-1

Ⅰ．工… Ⅱ．孙… Ⅲ．企业管理-人力资源管理-研究 Ⅳ．F272.92

中国版本图书馆CIP数据核字〔2016〕第134619号

东北财经大学出版社出版发行

大连市黑石礁尖山街217号 邮政编码 116025

网 址：http：//www. dufep. cn

读者信箱：dufep @ dufe. edu. cn

大连图腾彩色印刷有限公司印刷

幅面尺寸：170mm×240mm 字数：150千字 印张：10.75 插页：1

2016年8月第1版 2016年8月第1次印刷

责任编辑：石真珍 吉 扬 责任校对：何 力

封面设计：冀贵收 版式设计：钟福建

定价：36.00元

序

悉闻我的博士弟子孙利虎的博士论文即将修改出书，作为他的导师，我感到非常高兴。孙利虎在中国人民大学读博期间治学严谨、刻苦努力，特别在博士论文的写作过程中倾注了巨大的精力，在论文评审和答辩时得到了业内专家和同行的好评。

孙利虎的这部学术新著，是在他的博士论文基础上进一步扩展和深化而成的，是他三年努力和付出的成果汇报。他的博士论文之所以能获得成功并最终成书出版，有以下几方面值得一提：

第一，在研究方法方面，作者熟习并掌握科学研究方法，包括组织与管理的实证研究方法、质性研究方法及其他社会科学研究方法等。对样本数据进行分析统计，提出研究假设，并对研究假设进行检验论证、分析和讨论，并针对研究的问题通过调查问卷的方式回收数据，从而完成本书的写作。

第二，在文献梳理方面，作者大量阅读国内外经典文献，写读书报告，并针对自己的研究领域，对文献进行梳理和总结。在这些文献的基础上，对拟研究的问题提出研究设想和研究思路，并与我定期讨论阶段性的研究成果和学习体会，特别是重点完成了人力资源管理主文献研读、管理研究设计与数据分析和研究指导的思考与学习，为本书规范的科学研究打下基础。

第三，在研究内容方面，本书首次用实证的方法验证了工作任务、社会惰化和工作绩效三者的关系，探讨了它们之间的相互影响关系，并选取了任务的两种视角，即任务的可视性和任务的依存性，分析工作任务对社会惰化的影响，丰富社会惰化理论以及社会惰化形成原因的相关理论，揭开了任务与社会惰化中介效应的黑箱。同时通过探讨社会惰化行为对员工绩效（包括任务绩效和周边绩效）的影响，在一定程度上丰富了这方面的相关研究，并在此基础上，分别从公平理论和组织分配理论的角度出发，考察程序公平、分配公平分别对社会惰化和绩效的影响作用，从更深的层面揭示社会惰化对绩效的影响机制，为员工的行为、绩效提供更加科学、合理的解释，丰富社会惰化影响机制理论。

第四，在研究创新方面，从任务的依存性和任务的可视性两个角度来研究、考察任务本身对社会惰化的影响，同时引入心理学的变量即个体认知进行分析，把任务和社会惰化通过个体认知中的贡献模糊、责任扩散、去个性化联结起来，探讨其作用机制；研究框架运用了系统论的思想，第一次全面把工作任务、个体认知、社会惰化、组织公平、工作绩效全面结合起来，进行一体化研究，填补了国内运用实证研究方法研究社会惰化的空白。

孙利虎致力于这一专题的研究已有多年，从执教到读博期间一直在纵向跟踪、调查分析与研究探索，祝愿他在该领域的相关研究方面取得更多的成就，产生更大的影响，发挥更大的作用，为管理学的发展奉献更多的力量。

中国人民大学劳动人事学院教授、博士生导师

彭剑锋

2016 年 3 月于中国人民大学

前言

　　社会惰化（social loafing）是组织管理研究领域较为关注的热点问题之一，也是管理实践中不可避免的一种客观存在现象，需引起管理者和被管理者的高度关注和警觉。社会惰化典型和突出的表现是，当个体在群体中共同完成组织交予的特定任务时，群体中的每个个体所付出的努力、承担的责任会出现比个体在单独情况下偏少的现象。从社会现实来看，"搭便车现象"、"一个和尚担水吃，两个和尚抬水吃，三个和尚没水吃"、责任分摊与扩散、"迷失在丛林中"等都是个体在群体当中不如个体单独时努力的现象。从理论背景来看，社会影响理论、资源保存理论、激励减少理论、群体效力模型、期望理论等都对社会惰化现象做出了解释和说明。

　　本书以社会惰化为主体，引入了工作任务和工作绩效分别作为前因变量和结果变量来进行研究，探讨了工作任务对社会惰化有何影响、为何影响及如何影响，社会惰化对工作绩效有何影响、为何影响及如何影响，以及在影响过程中的作用机制。

　　目前大多数的研究，从群体的角度出发，研究群体的规模、群体的凝聚力对社会惰化的影响，本书从任务本身的特征出发来揭示工作任务对社会惰化的影响，以及它们之间的"黑箱"——个体认知，也就是说个体认知在两者之间有一定的影响和作用。既然社会惰化是一个存在的事实，它必定会影响到工作的绩效，因此在影响绩效方面，本书引入组织公平来解释和分析对两者的调节作用。

科学研究的目的在于帮助我们更好地理解世界并提供知识增量，从问题提出的角度及管理的现实背景出发，笔者认为社会惰化是一个值得在中国情境下研究的问题。本书的研究对象是工作任务、社会惰化、工作绩效之间的关系，研究的思路是以社会惰化为基点，分别分析社会惰化的影响因素和影响结果。在影响因素方面，考虑了自变量工作任务特征，包括任务的依存性、任务的可视性，以及中介变量个体认知对两者关系的影响，具体包括贡献模糊、责任扩散和去个性化三个变量。在影响结果方面，把社会惰化作为自变量，工作绩效作为因变量，工作绩效又分别从两个维度（即任务绩效和周边绩效）进行分析，同时考虑组织运营中的公平问题，具体包括分配公平和程度公平，故引入组织公平作为调节变量，考察组织公平如何调节社会惰化和工作绩效的强度和方向。

本研究是在以"集体主义"文化为背景的中国情境下进行的社会惰化的研究，分别对国内多家国有企业、私营企业、合资企业进行了调查，围绕工作任务、个体认知、社会惰化、组织公平和工作绩效等变量进行了问卷调查和研究分析，概括说来可以回答和拟解决以下两个问题：社会惰化受什么因素影响，社会惰化又会影响什么。具体来说，其一，任务的依存性对社会惰化有何影响，个体认知作为中介效应如何影响两者的关系；任务的可视性对社会惰化有何影响，个体认知作为中介效应如何影响两者的关系。其二，社会惰化对任务绩效有何影响，组织公平作为调节效应如何影响两者的关系；社会惰化对周边绩效有何影响，组织公平作为调节效应如何影响两者的关系。

综上所述，本研究的框架可以分为两部分：研究一和研究二。以54家企业的302个基层员工和69个直接主管为研究对象，所有数据都通过员工和主管在两个时间点填写问卷的方式收集，并进行一一配对。个体认知、工作任务、组织公平由员工来填写问卷，社会惰化和工作绩效由直接主管来报告。

研究一：工作任务与社会惰化的关系研究，其受到个体认知的中介作用，包括贡献模糊、责任扩散和去个性化三个中介变量的影响，也就是回答了社会惰化为什么产生，如何产生。

研究二：社会惰化与工作绩效的关系研究，其受到组织公平的调节作用，包括分配公平和程序公平，也就是回答了社会惰化有什么影响，怎样影响。

本书的研究在借鉴国内外研究成果的基础上，结合我国企业特定的情况，分析社会惰化的形成原因和影响结果，研究发现：

（1）任务的依存性与社会惰化呈正相关关系，任务的依存性越高，责任的边界越难确认，个体的贡献越模糊，也就越容易出现社会惰化这一现象。同时这两者的关系受到个体认知的中介作用，其中责任扩散、去个性化和贡献模糊分别起到了部分中介作用。

（2）任务的可视性与社会惰化呈负相关关系，任务的可视性越高，监督和管理的力度越强，个体越不容易发生惰化。两者的关系也受到个体认知中的责任扩散、去个性化和贡献模糊的部分中介作用。

（3）社会惰化与任务绩效呈负相关关系，也就是社会惰化越高，任务绩效越低，并且受到程序公平和分配公平的影响，其中程序公平和分配公平都对两者之间的强度产生了影响，程序公平和分配公平程度越高，就越会提升任务绩效，反之会降低任务绩效。

（4）社会惰化与周边绩效呈负相关关系，程序公平和分配公平对两者的调节作用不显著。

本书的理论意义主要体现在以下三个方面：

（1）本书首次用实证的方法验证了工作任务、社会惰化和工作绩效三者的关系，探讨了它们之间有何影响、为何影响及如何影响。

（2）本书首次使用实证方法选取了任务的两种视角，即任务的可视性和任务的依存性，分析了这两种视角对社会惰化的影响，丰富了社会惰化理论以及社会惰化形成原因的相关理论，对后续的研究有一定的启示和帮助，揭开了任务与社会惰化中介效应的"黑箱"。

（3）本书通过探讨社会惰化行为对员工绩效（包括任务绩效和周边绩效）的影响，在一定程度上丰富了社会惰化对员工绩效影响的相关研究。

（4）本书在探讨社会惰化对绩效影响的基础上，分别从公平理论和组织分配理论的角度出发，使用实证方法考察程序公平、分配公平分别对社会惰化和绩效的影响作用，也就是如何调节两者之间的关系，具体来说是考证对它们的加强或削弱作用，这样有助于理解社会惰化对绩效影响的限制条件，从更深的层面揭示社会惰化对绩效的影响机制，为员工的行为、绩效管理提供更加科学、合理的解释，丰富社会惰化影响机制理论。

本书的实践意义在于：

（1）在团体、群体和组织中，社会惰化或多或少存在，而且是不可避免的，因此研究社会惰化对管理者如何管理、引导、激励、约束群体中的个体的心理、行为和规范意义重大，有助于提升组织的绩效，减少群体的内耗。同时需明确工作任务对社会惰化的不利影响，如任务是否明确、任务之间的关联度、任务是否界定清晰，所做的工作是否被主管注意到等等，所以需要进一步提高组织管理中对任务的分解、任务的结构、任务的落实、任务的评估、任务的设置、任务安排的合理运用，以防止和减少社会惰化行为的发生。这就为当代企业管理提出了新的思路，即若想发挥群体优势，增强组织绩效，必须识别个体贡献、对个体进行评估鉴别，同时提高群体中个体的主人翁意识、责任心，特别是参与的程度以及对个体工作结果、贡献的明确识别和差别对待，并完善切实可行的考评奖惩制度，体现多劳多得、按劳分配的原则，避免出现平均主义和干多干少一个样、干好干坏一个样，这样可以有效减少"搭便车"现象，团队的士气和凝聚力会增强。反之，应当考虑这种现象可能带来的负面结果。

（2）在组织管理中完全消除社会惰化是不可能的，需要借助组织的制度设计，提升员工的认知水平，创造积极的团队氛围，在组织管理实践中，要注重工作的多样性、工作的丰富化、工作的反馈；运用亚当斯的公平理论进行良好的激励；运用期望理论，让员工明白努力工作，态度和行为积极，是否会在绩效的最后评估中得以体现，如果在绩效评估中得以体现，是否会得到组织应有的奖励；改善个体的认知水平，加强组织公民行为的塑造，增强员工的自我效能感，以调动员工的激情和积极性。本书发现社会惰化对工作绩效的影响是复杂的，它受到了程序公平和分配公平的调节作用，其取决于组织制度上的设计。

（3）在今后的实践活动中，尤其是从事群体活动时，要在一定程度上预防和控制社会惰化的发生，减少不必要的损耗，从而提升管理水平和工作绩效。

孙利虎

2016 年 3 月

目录

第1章 绪论

1.1 研究背景

1.1.1 现实背景

个体在群体中的努力程度不如个体单独时强的现象即为社会惰化（Latane，Williams & Harkins，1979）。在现实情景下，诸如此类现象有很多，比如，"一个和尚担水吃，两个和尚抬水吃，三个和尚没水吃"，大家互相推卸责任，正是这种社会心理现象的真实和具体表现。法国人马克斯·瑞格尔曼（Ringelman，1913）通过拔河比赛的实验，运用仪器来测量被试拉力，研究发现每个被试平均出力随着被试人数的增加而呈递减趋势。由此看来，一项任务由团队共同完成时，随着群体人数的增多，个人平均使力减少的现象，就是社会惰化的具体表现，后来其他的研究者在不同的实验中也证实了此现象的测试结果（参见下文 1.1.2 节）。诸如此类现象在实验控制方式中可以看到，在生活中也常有。例如，1978 年的家庭联产承包责任制推行，打破了过去的大锅饭现象，通过包产到户、责任到人，明显地降低了个体在群体中的惰化，最后的结果是产量翻了好几番，政策的出台改善了行为，提高了绩效。寓言故事滥竽充数中的南郭先生在群体中吹得十分起劲，当单独吹竽时，也就是个体行为面临被评价的时候，南郭先生只能逃之夭夭了。柏杨先生在《丑陋的中国人》一书中，更是一针见血地指出一个中国人是条龙，三个中国人是条虫，也就是单独时和在人多时表现不一样。可见在群体中，人们都有"大、帮、混"的现象，也就是人多瞎捣乱，鸡多不下蛋，有部分人存在"搭便车"的现象。

为什么会出现这种现象？按照工作特征模型分析，应该与工作任务本身有直接的关系，任务本身的特点对产生惰化行为有一定的相关性。当任务交叉在一起、重叠度高时，就容易出现责任扩散、贡献模糊、大帮混等现象，也就是任务的依存度越高，越容易惰化。另外，当在工作情景中，个体执行的任务本身不能被主管和同伴很好地监控和评价时，而且评价的结果没有应用于组织绩效管理时，个体也会出现偷懒、低绩效的工作表现。也就是任务的可视性低时，容易出现惰化现象。

那么这种现象背后又有什么表现形式？社会惰化会影响组织绩效是毫无疑问的，但它的影响过程值得管理者思考。社会惰化会影响组织绩效水平，并且与组织的公平性有直接的关系。家庭联产承包责任制推行前，为什么产量很低，就是因为大锅饭、平均主义、干好干坏一个样、干多干少一个样，没有区分，没有考评，分配不公平，所以组织公平对提升组织绩效是至关重要的。

这种现象的存在有一定的心理学、经济学和管理学上的原因，组织可以运用制度、理念、文化来引导和约束，通过具体的组织公平方式和合理绩效考评管理，同时从任务本身出发，对任务的特征与管理水平进行综合分析，另外需从心理学的角度，分析个体对任务、行为、绩效的认知，从而减少惰化，产生高绩效的人力资源工作实践。

1.1.2 实验现象

1. 拍手欢呼实验

1979 年拉塔内与同事做了一项"拍手欢呼的实验"，通过实验发现了社会惰化现象。实验的具体操作是，他们要求被试欢呼和拍手，同时测量并记录每个人的声音强度。最后发现，随着群体中人数不断增加，每个人发出的声音呈递减趋势（Latane，1979）。由此可以看出，当有其他人参与时，个人的努力程度有所减小。

这种现象的背后可以看到，在一群人中和单独一个人时，个人的行为有不一样的表现，因为拍手的强弱，不能够很好地测量，个体的被评价意识减弱，使得为工作所付出的努力也就减小了。另外，在个体的潜意识里，别人也不会出很大力，因为最终的结果是测试集体，个体本身不会单独测量，也就是贡献模糊，责任会扩散到他人身上。

库尔特·卢因（Kurt Lewin，1944）在团体力学理论里提出了社会惰化问题，他认为社会惰化与群体规模和个人努力的可衡量性有关，也就是群体的规模越大，个人的努力可衡量性就越模糊，个人的协作意愿越低。

2. 拉绳实验

德国人马克斯·瑞格尔曼（Ringelman，1913）在拔河比赛实验中，用仪器来测量被试的拉力。结果发现每个被试平均使力减少正是由于拔河人员的增加，出现了惰化行为。单独一个人拉时平均出力最大，实验的结果是 63 千克；当群体规模增为 3 个人时，平均出力有所降低，结果为 53.5 千克；当群体为 8 个人时，这时每个人平均出力最小，仅有 31 千克。

该实验告诉我们，团队的人数越多，责任越容易被扩散，人们会主动控制自己的行为和努力。从心理学的角度分析，这是一种严重的导致绩效下降的从众心态，所以群体中惰化因子会蔓延和传递。研究发现，整体绩效小于个体绩效之和，瑞格尔曼解释这种现象是由于小组成员协作减少和个体努力减少。

3. 旁观者效应

1964 年一起震惊全美的谋杀案发生在美国纽约市某一公园，一位酒吧女经理在凌晨三点突然遭到凶手追杀，作案过程持续了将近半个小时，受害者当时不停地向周围的人群呼救寻求帮助，当时听到或目击到此案的居民有 38 户之多，但出来阻止此现象的人几乎没有，甚至报警电话也无人拨打。事情发生后，美国媒体一片哗然，连声谴责纽约人的异化与冷漠。

　　然而，对于旁观者的无动于衷、见死不救、集体沉默、群体惰化，巴利和拉塔内这两位年轻的心理学家给出了更好的解释，事后他们专门进行了一项实验证明自己的假设。在实验中，安排一个人假装扮成癫痫病患者，同时邀请72名陌生的参与者，事前并不告知事实的真相，让他们以四对一或一对一两种方式，相互间在远距离使用对讲机通话。最后结果表明，在通话过程中，当假病人大呼救命时，4个人同时听到假病人呼救的那组，只有31%的人采取了行动，然而一对一通话的那组有85%的人冲出工作间，迅速报告有人发病。针对这种现象，从社会心理学的角度给出令人信服的解释，当人多时大家容易从众、观望和等待，观察其他人的行为决定自己的行为，巴利和拉塔内两位心理学家把这种现象称作"旁观者介入紧急事态的社会抑制"，也就是"旁观者效应"，即在紧急情况出现和发生时，正是由于有其他一些目击者同时在场，也就出现了旁观者，人们可能更多的是在看其他人的反应和表现，结果使得每一位旁观者都没有采取行动，只是观望。

　　这种现象用个体认知中的去个性化可以得到很好的解释和分析。去个性化是指个体在群体压力或群体意识影响下，自我导向功能的抑制和责任感下降，去个性化的外在条件之一就是责任的模糊化。津巴多提出了一种关于去个性化的理论，该理论主要包含两层意思：一是去个性化既可能导致反常或消极的行为，也可能导致建设性或创造性的行为。该现象的发生，就是去个性化前者的表现。二是由于社会作用力的作用，当群体成员增加时，每一个成员都会受到他人影响的作用，由于多数人在场，责任会被分散和削弱，群体成员的积极性和主动性都受到了不同程度的影响和互相作用，每个成员的行为表现、付出的努力意愿，同时都降低了。

　　通过以上的实验现象，我们都会看出一个共同的特征，个体在群体中的表现，与个体单独一个人时不一样，具体的不一样的原因是多方面的，有个体认知的原因，也有"搭便车者"的存在，任务本身的特征，责任明晰程度，群体的规模大小等等都会影响到社会惰化。

1.1.3 理论背景

1. 资源保存理论（conservation of resource theory，CRT）

资源保存理论，为研究社会惰化行为提供了理论根据，个体有努力获得和维持自身资源的本能，当个体感觉到所处环境可能失去某些资源（Karau & Williams，1993；Sheppard & Taylor，1999），而无法得到预期的回报时，个体就会下意识保留自己的资源，个体的资源保存意识也成为社会惰化难以彻底消除的原因之一。

2. 社会影响理论（social impact theory，SIT）

社会影响理论，强调个体的心理与行为会受到社会环境中外界压力源的影响，这时个体会做出应对策略和不同反应，他们根据所承受的压力大小、任务关联性的高低来决定努力程度，如果个体受到他人或环境的影响越小，或者任务的独立性越高，为之付出努力程度和强度就越大，反之就会减小。社会影响理论是用来分析和解释社会惰化的理论之一。

3. 群体努力模型（collective effort model，CEM）

群体努力模型，该模型把现代认知评价理论和弗鲁姆的期望理论中的关键要素整合在一起（Karau，1993）。按照群体努力模型的思路，个体在群体活动中付出的努力程度取决于行为结果反馈和最后的回报，如果在群体活动的奖惩体系中，个体行为结果与群体绩效直接联系不大，或个体感觉到群体绩效回报很低时，即使结果很重要，个体付出努力的程度也会有所降低。

群体努力模型指出，个体的知觉和组织的评价对个体行为、组织绩效尤为重要，评价结果如何则直接涉及组织分配公平和程序公平的问题。

4. 期望理论（expectancy theory）

正如群体努力模型与认知评价理论有关联，期望理论同样与认知评价理论有联系，认知评价理论主要针对个人在群体活动中个人特定贡献的评价以及贡献的量化进行确定性的描述，而期望理论则是对影响个人行为动机的要素、行为结果的预期进行了阐述，两者的关系密不可分。

弗鲁姆的期望理论的表达式为 $M=f(V, E)$，其中：M 代表动机强度，表明一个人愿意达到目标而努力的程度；V 代表对目标价值的估计，对结果的偏爱程度以及对报酬的需求程度；E 则是对实现某一目标的可能性的主观估计，比如完成工作的可能性，获得报酬的可能性等。按照弗鲁姆期望理论的思路倒推，奖酬的效价和奖励的可能性会涉及组织公平中的分配公平和程序公平，同时会决定一个人受激励的程度，以及由此引发努力的程度。努力程度高，则惰化就低，绩效就高，反之亦然。也就是说个体心目中奖酬价值的大小，和他努力工作后达到标准的可能性期望概率的大小有关。

弗鲁姆期望理论的核心思想主要体现在以下三个方面（如图 1-1 所示）：（1）努力与绩效的关系，如果员工付出努力，是否会在绩效评价中表现出来；（2）绩效与结果的关系，如果获得了好的绩效评估，是否会得到奖励；（3）奖励与需求的关系，如果员工得到了奖励，这种奖励是否有吸引力。通过期望理论的阐释，很好地说明了为什么个体在群体当中，有的人出力较多，而有的不出力，这与组织的评价和组织的奖励是有直接关系的，而且会直接影响到员工的任务绩效和周边绩效。简而言之，当个体明确目标，并得到付出后预期能够得到的，也就体现了组织公平的原则，这时员工很努力，势必会减少社会惰化现象，提升个体的任务绩效和周边绩效。

个人努力 ⟶ 个人绩效 ⟶ 组织奖励 ⟶ 个人目标

图 1-1　努力绩效奖励目标示意图

1.2　研究问题

1.2.1　研究问题的提出

根据上文的现实背景、实验现象、理论背景分析，社会惰化作为一种固有的社会现象，不可避免地存在于各类组织和人群中。基于此，对社会惰化现象的一体化研究具有重要的意义和作用。有必要分析是什么原因产生社会惰化现象，社会惰化现象会对组织和个人有哪些影响结果。

关于社会惰化的存在具有一定的普适性，一个被广泛接受的解释生产力损失的现象可理解为社会惰化现象（George，1992）。一般来说，要想减少社会惰化的发生，可以从群体规模来考虑，单独一个人时惰化会少一些（Ringelmann，1913；Williams，Harkins & Latané，1981），这也就是说，要依靠组织的功能、上级的监管来减少社会惰化的发生，尤其是要明确社会惰化产生的原因和影响结果。

目前国内外学术界对社会惰化的研究从内容和维度来看，大多是从某一角度，诸如激励减少、群体效能等，在一个限定的范围内独立地对社会惰化行为进行分析、解释和研究，而且只对其中某一作用机制、影响效应进行阐述，极大地强调个别变量的重要性，没有从社会惰化的系统角度去探析，也就是对前因变量和结果没有连在一起，这些都不能全面揭示社会惰化行为的影响效应和作用机制。另外从研究的范围来看，具有典型的环境决定论的特色，社会惰化的研究领域不够宽泛，主要集中在社会惰化的理论解释、概念分析、形成过程以及与其他因素的关系研究上，对社会惰化的前导变量（任务的特征、内在认知作用机制）、社会惰化的结果变量（任务绩效、周边绩效以及内部机制的理论与实证）研究则比较少。

针对以上的分析，本研究从工作任务本身、个体认知机制、组织公平和工作绩效的角度来进行实证考虑和分析验证。

1.2.2　社会惰化的影响因素和作用机制

什么因素会导致社会惰化行为发生？本研究从任务本身出发，主要考虑任务的依存性和任务的独立性两个要素对社会惰化的影响，并引入个体认知对它们的中介作用，分别考虑贡献模糊、责任扩散和去个性化三个因素。

任务的依存性与社会惰化呈正相关关系，个体感觉到的任务独立性越高（依存性低），他们对工作完成的成就感越强（Manz & Angle，

1986），这时他们出现惰化的行为就会减弱，因为任务的依存性低会减少交易成本，个体会有强烈的动机，尽自身的最大努力完成他的本职工作（Jones，1984；Williamson，1975），这时责任没有分摊，贡献也好鉴定。

另外，很多实验研究的结果表明，任务的可识别性与社会惰化负相关（Harkins & Petty，1982；Weldon & Gargano，1988；Williams et al.，1981），任务的可识别性越高，社会惰化越少。反之，任务的可识别性越低，越容易出现社会惰化。这里会引入个体认知的概念，当个体感觉到任务的依存性高时，个体会坚信他的努力会混入同伴中不容易被鉴别出来，不知道谁的贡献大，谁的贡献小，这时就会减少自己的努力程度，这是基于贡献模糊的考虑。反过来说，当个体感觉到任务的依存度低时，他的努力会被单独测量，不会受其他同伴的影响，个体的认知驱使他尽全力完成工作。

除了考虑任务本身外，本研究引入了个体认知对任务依存性、任务可视性与社会惰化的中介作用机制，主要从贡献模糊、责任扩散、去个性化三个角度去考虑，如图1-2所示。贡献模糊主要体现在认知过程中个体本身的行为不容易被识别（Bandura，1990），当团队成员指责其他人社会惰化时，他就不用为自己的惰化而感到内疚了，团队成员相信其他团队成员应该对自己的惰化行为负责。责任扩散就是个体知觉到工作结果的好坏会转移到其他人身上（Latane & Darley，1970），责任扩散削弱了个体的自我行为表现力，因为个体觉得对于团体的产出结果是大家的事。去个性化在一般意义上来说，个体在群体中的产出倾向于侵略、违背、反规范，或社会不期望的行为的表现（Diener，1980；Prentice- Dunn & Rogers，1980，1982，1989；White，1977；Zimbardo，1970）。

责任扩散从两种角度来思考：首先是从客观的角度考虑责任本身，即责任分配是否合理，是否有责任扩散，是否责任到人。其次是从主观角度考虑，个体对责任的认知，也就是个体会考虑群体共同完成一件工作时，其他人有没有尽到责任，而且个体基于这样的假设和认知，相信其他人也没有尽到自己的责任，故自己尽责程度也会降低。另外团队的

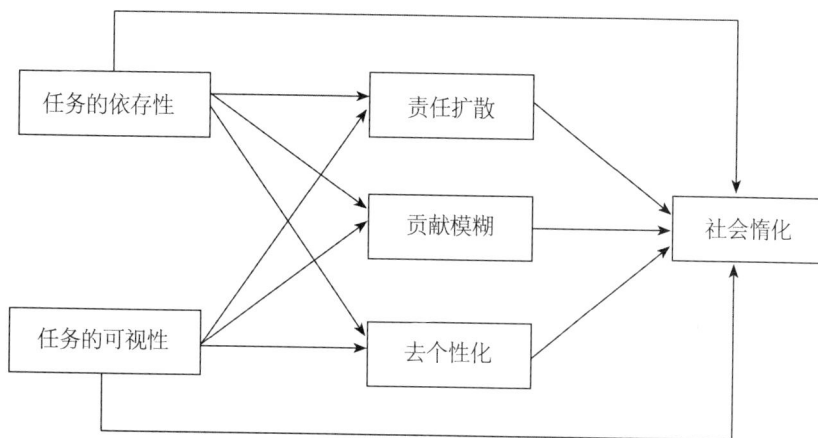

图 1-2　社会惰化影响因素作用机制

成绩是由多人共同完成，不会归功于个人，高绩效是团队的结果，低绩效也法不责众。团队的产出和个体的投入之间的关联度不高，责任在群体之间被分散，这样可能使某些个体成为"搭便车者"，他们过多地依附团队的努力，有功劳一块享，有差错也被群体分摊了。由于搭便车者对工作的投入度不够，相应地被搭便车者则会完成由其逃避推卸掉的工作，而组织绩效的高低则会取决于团队工作的性质和社会补偿（social compensation）。

贡献模糊简而言之就是每个个体的贡献值难以确定，特别是随着组织规模的扩大和团队人数的增加，个体对组织的贡献难以一一辨别。我们可以用贡献模糊理论来解释个体在群体中完成组织任务的努力程度，正是由于其他成员在组织中的存在，特别是在以团体绩效付薪的群体中，个体会感到自己的贡献大小无关紧要，甚至可有可无，因此付出的努力就小了，于是就出现了上文提到的滥竽充数的南郭先生。换句话说效率下降的背后原因是个体认为自己的贡献无法被衡量，没有区别对待。

去个性化（deindividuation），又叫个性消失，也可叫去压抑化、去抑止化。引起个性化的外在条件有两个：一是身份的隐匿；二是责任的模糊化。具体是指个人在群体意识或群体压力的影响下，会导致责任感的弱化和自我导向功能的削弱，产生与个人单独活动时不会出现的行为表现。

综上所述，这三个因素会影响任务依存性、任务可视性与社会惰化之间的关系。

1.2.3 社会惰化的影响效果和作用机制

社会惰化在组织管理中，会对哪些因素产生影响，以及对这些因素的影响效果如何？主要考虑社会惰化的影响结果和作用机制，分析社会惰化对任务绩效的影响和对周边绩效的影响，同时考虑组织公平的调节作用。其中的社会惰化影响结果作用机制如图 1-3 所示。

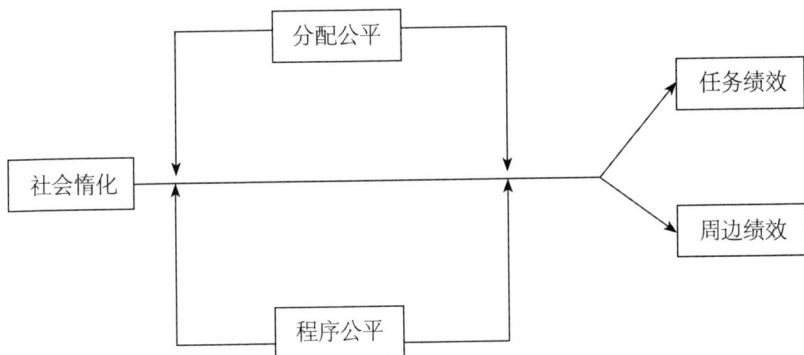

图 1-3　社会惰化影响结果作用机制

社会惰化与任务绩效呈负相关关系，社会惰化越高，任务绩效越低，其中受到了组织公平的调节，程序公平会改变社会惰化的强弱，抑制社会惰化发生，从而提高组织绩效，反之亦然。分配公平也会对社会惰化的强弱有直接的影响，它可以抑制社会惰化发生，提升任务绩效。社会惰化与周边绩效也呈负相关关系，调节效应有待在后文检验。

分配平均简单理解就是大锅饭现象，混在一起，干多干少一个样，干好干坏一个样，没有体现多劳多得、少劳少得的原则，价值创造模糊，价值评价缺失，导致价值分配平均，直接引发责、权、利不对等问题，投入与收入，付出与回报不对等，比如决定分配的系统（Thibaut

& Walker，1975），这样也会增加偷懒行为，降低群体绩效。个体感知到的过程公平会影响绩效，进而影响对工作任务的努力水平（Karau & Williams，1993）。分配公平对于员工的满意度、任务绩效和周边绩效都有一定的影响（Alexander & Ruderman，1987；Konovsky，Folger & Cropanzano，1987）。

程序公平，就是用什么方法和过程来保证公平，这就涉及程序公平的问题，公平感是指员工对报酬决策的方式是否公平的感受（Greenberg & Colquitt，2005），他们认为计划和执行决策的过程才是感知公平的决定性因素。程序公平有利于员工在组织中的价值实现（Korsgaard et al，1995；Kim & Mauborgne，1998；Tyler & Lind，1992），对组织的绩效也有影响作用（Kim & Mauborgne，1998）。

基于组织公平和公平理论（Folger，1977；Greenberg，1987；Tyler，1994），组织公平中的程序公平和分配公平分别对个体任务绩效和周边绩效有一定的影响作用（Kidwell & Bennett，1993）。

1.2.4 研究的目的和意义

1. 研究目的

回顾前人关于该问题的研究结果，本书在文献综述部分，根据研究内容先从社会惰化、工作任务、工作绩效等相关概念、理论和测量进行综述，得出目前关于该问题的研究现状。

从工作任务与社会惰化之间的关系、个体认知的中介作用、社会惰化与工作绩效的关系、组织公平的调节作用四个方面，通过理论和文献推导的方式提出基本假设。

明确社会惰化出现的前因变量和结果变量。前因变量既有任务方面的因素，也有个体认知方面的因素，从组织管理的角度，只有明确鉴别，方可对症下药、有的放矢，在不同程度上降低社会惰化的发生。另外，从影响结果来分析，社会惰化本身会影响到组织绩效，只有考虑组织的公平机制，才能不同程度地改善组织绩效。

社会惰化的存在、影响具有一定的普遍性、广泛性和社会性，它不仅影响组织的效率、群体的绩效、个体的绩效，而且会降低内部凝聚力，甚至会导致一些个体无法在组织中充分展示自己的才能、实现绩效的增量，进而影响组织目标实现，因此对它的研究具有一定的现实意义。

2. 理论意义

工作群体中的社会惰化效应对于研究群体行为和组织行为意义重大，社会惰化研究能够很好地预测工作绩效，以及反映个体之间的关系，同时把组织公平理论引入研究体系对探索两者的关系有一定的作用。

通过对这些问题的研究，本书希望探讨工作任务是如何影响社会惰化的；个体认知中的贡献模糊、责任扩散、去个性化是否在他们之间有中介作用，是部分中介还是完全中介；社会惰化如何影响工作绩效，分配公平和程序公平是否在他们之间有调节作用，是正向调节还是负向调节。

任何组织和群体在规模确定、活动运转、任务分配时，必须尽量提升个体的认知策略，减少群体中的社会惰化行为。领导者和管理者若想借助群体力量，发挥群体效用来提高工作绩效，必须衡量群体中个体努力程度、个体的认知意识、提高成员的参与度和贡献的鉴别性，完善具体可行的绩效考核制度，通过减少"搭便车"现象来强化士气和团队精神。[①]

3. 实践意义

通过对社会惰化的研究，引发了对绩效管理的重新认识，不仅只关注绩效的结果，同时要关注组织考评的过程，而且在管理方面要考虑组织的公平性的问题，大锅饭、平均主义、责任不清、任务本身的属性都会影响到社会惰化，进而影响绩效。一个有战斗力的群体，不仅要有高度的团队精神、核心的竞争力、明确的战略传导理念，更要关注个体本身，包括个体的认知、他人行为的影响，以及组织要创建公平的机制、营造公正的氛围，从程序公平和分配公平入手解决社会惰化对任务绩效和周边绩效带来的影响。

---

① 孙利虎. 群体动力学中的社会惰化研究 [J]. 生产力研究，2010（9）：125-126.

只有这样，个体在团体或群体的工作，才能产生正效应，在群体中激发和刺激个体的努力，产生 1+1>2 效果，否则就会出现整体相加之和小于个体单独测量相加总和的结果。

1.3 研究安排

1.3.1 技术路线

为了实现研究目标和完成研究内容，本研究采用了定量（quantitative）研究方法，遵循"文献阅读与梳理—提出假设命题—设计问卷—数据调研—实证验证与检验—结果分析与结论讨论"的研究思路，具体研究技术路线如图 1-4 所示。

具体的研究过程和思路包含以下内容：

文献研究法：通过对前人理论文献的搜索和梳理，在深度阅读的基础上进行总结与回顾，分析前人的研究结果，形成本论文的构思和初步的研究框架。本研究分别对工作任务、社会惰化、个体认知、任务绩效、周边绩效的相关文献进行了研究，了解其学术进展、贡献和不足，并找出它们之间的关系，有针对性地提出笔者要研究的切入点，提出本研究拟解决的问题。

问卷调查法：通过研究设计，分析清楚要研究的 5 个变量，筛选出国内外的量表，并对这些量表通过翻译、回译的方式进行修订，尽可能保证问卷的信度和效度。分别对研究中涉及的 5 个变量中的 10 个量表，选取 54 家企业，对有效取样的 302 位员工和 69 名主管进行了调查问卷，最终配对 302 份数据。

预测试：由于社会惰化的研究来自心理学的操控较多，而且对结果的信度和效度有一定的影响，以及对问卷的题目的理解性会有一定的偏差，所以在企业正式开展调查问卷前，选取了北京林业大学和北京理工大学的 120 名同学进行了预测试，之后对问卷的个别条目进行了微调与修订。

```
┌─────────────┐
│   现实背景   │
└─────────────┘
      │
      ▼
┌─────────────┐        ┌─────────────┐        ┌─────────────┐
│   理论背景   │───────▶│   问题提出   │◀───────│   实验现象   │
└─────────────┘        └─────────────┘        └─────────────┘
                              │
                              ▼
                       ┌─────────────┐
                       │   文献述评   │
                       └─────────────┘
                              │
                              ▼
                       ┌─────────────┐
                       │   理论与假设  │
                       └─────────────┘
                              │
                              ▼
                       ┌─────────────┐
                       │   研究设计   │
                       └─────────────┘
```

┌─────────────────────────────┐   ┌─────────────────────────────┐
│ 工作任务特征对社会惰化的影响， │   │ 社会惰化对工作绩效的影响，受到组 │
│ 受到个体认知的中介作用影响   │   │ 织公平的调节作用影响   │
└─────────────────────────────┘   └─────────────────────────────┘

```
                       ┌─────────────┐
                       │   数据收集   │
                       └─────────────┘
                              │
                              ▼
                       ┌─────────────┐
                       │   统计分析   │
                       └─────────────┘
                              │
                              ▼
                       ┌─────────────┐
                       │   结论与展望  │
                       └─────────────┘
```

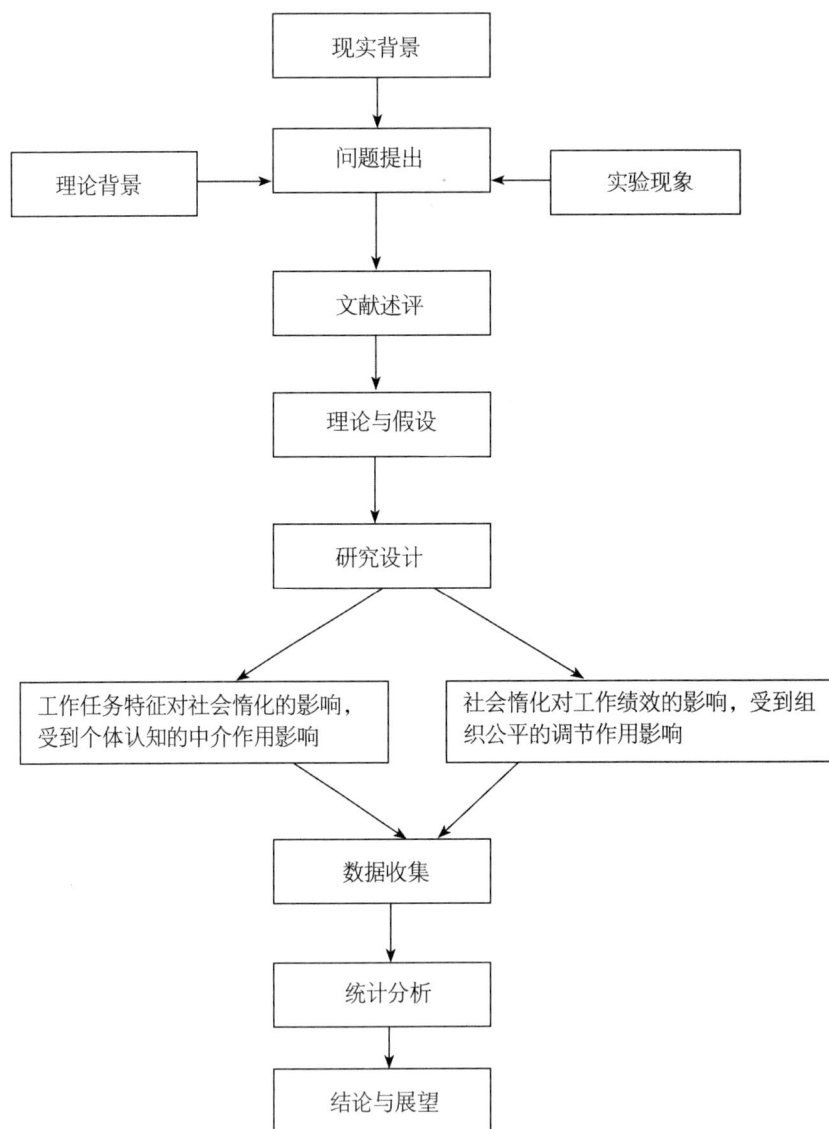

图 1-4　研究技术路线图

　　描述性统计分析：本研究在数据统计中涉及描述性统计分析，第一部分为基层员工和直接主管的个人信息、所在机构的基本情况；第二部分为所研究的各个变量的描述统计，主要研究各变量之间相关性与理论预期的关系一致性程度，为假设验证提供初步的检验。

回归分析：本研究使用 SPSS19.0 进行操作，分析个体认知对工作任务与社会惰化的中介作用，以及组织公平对社会惰化和工作绩效的调节作用。

信度和效度分析：本书对所采用的量表的信度系数进行了检验。采用 Cronbach α 系数来检验各量表的信度。由于本研究所用量表，取之于国内外较为成熟的量表，效度很高，故没有进行验证性因素分析。

1.3.2　研究模型

综上所述，围绕社会惰化展开两方面的研究，分为研究一和研究二。研究一为社会惰化的影响因素和作用机制；研究二为社会惰化的影响结果及作用机制，各变量之间的关系如图 1-5 所示。

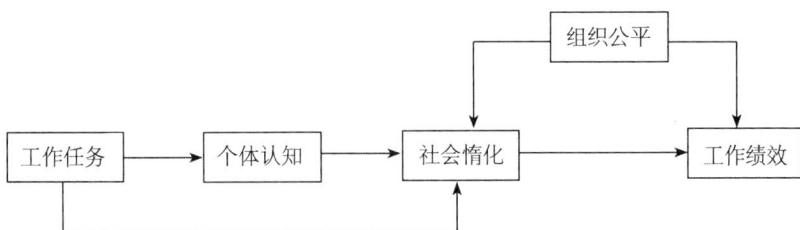

图 1-5　研究各变量关系图

研究一：任务特征是否对社会惰化有影响作用，这种作用是否会受到个体认知的影响？具体地，本书考察贡献模糊、责任扩散、去个性化的中介作用。

研究二：社会惰化对工作绩效有何影响，其内在机制和作用条件是什么？具体地，本书在个体和团队层面考察社会惰化影响员工和团队绩效的作用过程，以及程序公平和分配公平在两者关系中的调节作用。本书的研究总模型如图 1-6 所示。

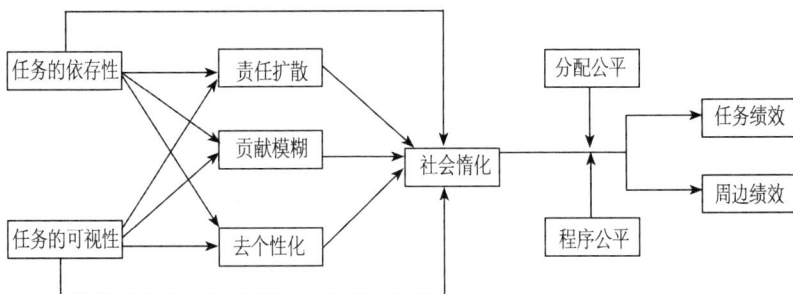

图 1-6　研究总模型图

1.3.3 结构安排

本研究共包括 6 章内容，各章内容编排如下：

第 1 章：绪论。本章首先从现实背景、实验现象、理论背景三个方面引出本书所研究的主题及所引发的思考，指出为什么要研究这个领域（研究的目的），研究的收获（研究的意义），同时阐明如何进行操作、研究设计及整篇论文的结构安排。

第 2 章：文献综述。本章对研究变量和历史文献进行梳理，主要涉及自变量工作任务、中介变量个体认知、中间变量社会惰化（既是自变量又是因变量）、调节变量组织公平，以及因变量工作绩效。对这些变量的概念、测量、研究进展、研究的不足进行了逐一梳理，并指出了当前文献研究的不足，在此基础上找出本研究的研究方向。

第 3 章：理论与假设。本章在文献评述的基础上，构建理论模型，提出研究假设，并对研究问题进行操作化，在理论分析的基础上提出具体的研究假设，并在第 4 章和第 5 章进行研究验证。

第 4 章：研究设计。本章主要介绍研究的总体设计思想，包括研究框架、研究样本、变量测量和分析技术。研究框架部分阐明各项研究的主要内容以及它们之间的逻辑关系；研究样本部分对样本和取样过程进行逐一介绍；变量测量部分简要说明研究变量的测量方式和数据来源；分析技术部分对各项研究使用的统计方法和技术进行总体介绍。

第 5 章：社会惰化的影响因素、影响结果及作用机制，本章分为研究一——社会惰化的形成原因和作用机制，研究二——社会惰化的影响结果和作用机制。预测了任务的可视性、任务的依存性、贡献模糊、责任扩散、去个性化对社会惰化的影响，社会惰化对任务绩效、周边绩效的影响，以及分配公平和程序公平的调节作用，总体来说是对社会惰化的形成原因和影响结果进行系统分析。本章运用统计分析软件，首先对测量量表的信度与效度进行检验分析，其次对各变量及之间的关系进行总体的描述性统计分析，最后对调查收集到的数据，运用相关分析和回归分析的方法验证模型与假设。

第 6 章：研究结论、局限与展望。本章介绍研究结果、对研究发现进行讨论，并在此基础上指出本研究的主要创新之处、不足之处，以及对管理实践的启示，最后进一步明确未来研究的方向。

1.4　本章小结

本章内容主要分为以下三个部分：第一部分为研究背景，通过现实背景、实验现象、理论背景引出本研究聚焦的主题；第二部分为研究问题，首先明确了如何提出研究问题，其次对研究问题进行分解，并分为两部分来进行研究，分别为社会惰化的影响因素和作用机制以及社会惰化的影响结果和作用机制，最后为研究的目的和意义；第三部分为研究安排，说明了本研究的技术路线、研究框架和研究模型，并在本章最后对整篇论文的章节进行总体说明与概述。

第2章 文献综述

本书是对社会惰化影响因素和影响效果的研究，因此笔者首先从研究内容的起源、结构与测量、影响因素、影响结果等方面，具体包括工作任务（任务的依存性和任务的可视性）、个体认知（贡献模糊、责任扩散、去个性化）、社会惰化、组织公平（分配公平和程序公平）、组织绩效（任务绩效和周边绩效）等，进行文献梳理、回顾、评论，并为本书的研究找到依据和切入点。

2.1 社会惰化

2.1.1 社会惰化研究的起源

1.起源

由于劳动分工、生产方式、管理模式的不同程度的发展，以个人为基础的单独生产劳动的组织正在被以团队群体合作为基础的组织逐渐替代。另外，由于任务特性、工作要求等的变化，有些依靠团队合作来完成的工作和任务，是个人难以独立完成的，所以各类组织和群体积极采用团队合作的方式进行生产活动。然而，团队合作是一把双刃剑，在提供了团队资源互补、技术互补、优势互补的同时，也不可避免地带来了一些负面影响，如个体在群体中的努力程度、绩效差异、行为表现与单独生产时相比降低的现象，社会惰化（social loafing）就是其中之一。

社会惰化的概念最早由瑞格尔曼（Ringelman，1913）所作的一个拉绳实验提出，通过测试发现被试在人数增加的情况下，个人的出力情况有所改变，而且随着人数的增多，出力递减（详见 1.1.2）。瑞格尔曼的研究发现共同完成一项任务时，团队成员的平均贡献率会随着参与人数的增加而减少，因此后来有人将这种现象称为瑞格尔曼效应。但是，当时瑞格尔曼并没有分析这种现象背后的原因是什么，以及怎么样进行解释。后来其他学者针对这一现象作了追踪式的研究（Steiner，1972），他将这种在团队成员数量增加的情况下个人努力程度下降的表现差异分为两种，即个体在团队中的潜在表现（potential performance）和实际表现（actual performance），而且把这两种表现的差别现象称之为社会惰化。

社会惰化的一个关键性影响因素是对个体工作可识别性的感知，即对团队工作的评估。一些学者（Harkins，1987；Harkins & Jackson，1985；Harkins & Szymanski，1987，1988，1989；Kerr & Bruun，1983；Szymanski & Harkins，1987；Williams，Harkins & Latane，1981）就曾将社会惰化定义为个体对可识别性或评估的感知。但是，Karau 和 Williams（1993）反对用原因定义社会惰化，因为这会限制挖掘其他原因的机会。Szymanski& Harkins（1987）认为要理解社会惰化效应，应该把个体的可识别性和预期评估的效应结合起来。预期会导致绩效下降这一点已经得到了证明，不管评估者是实验者（Geen，1979）还是实验对象（Szymanski & Harkins1987）。在社会惰化研究的历史中，衡量激励损失的指标中包含着个体的可识别性标准以及感知到同伴惰化。

感知到同伴惰化是指在群体中在一定程度上感觉到其他人有社会惰化现象（Comer，1995），不管真实情况如何，感知到同伴偷懒是很明显的（Mulvey & Klein，1998），员工尤其喜欢观察其他人的行为，从而也影响他们自身的行为（Mitchell，Rothman & Liden，1985），员工的行为会受到感知到的同伴的行为和真实行为的影响，他们怀疑其他人有偷懒行为，于是也想这样做。

Schnake（1991）的研究表明，在群体中如果团队成员认为其他人努力有所保留，那么他们也倾向于保留自己的付出，基于以上发现，Mulvey 和他的同事进行了实验研究，实验分为两组调查（Mulvey，Bowes-Sperry& Klein，1998；Mulvey & Klein，1998），感知到的惰化与团队成员规模和任务绩效呈负相关关系。从这个意义上来讲，主要是人与人之间的交换会产生影响（Yamagishi& Cook，1993）或者是相互作用（Hogg，1992），社会认同是复杂的，因为需要明确社会身份和表述社会行为（Guerin，1994，1995a，Hogg，1992），同样地，个体的自我意识、自我效能、自我期望，会观察群体中相近的其他人的行为表现及结果影响（Abrams，Wetherell，Cochrane，Hogg & Turner，1990；karau&Williams，1993；Prentice- Dunn & Rogers，1989；Sanna，1992），通常形成自己的行为、规则和想法。群体动力学家（Shaw，1981）认为所有的群体都有一个共同点，群体成员间存在互动作用。因此，他把群体定义为两个或多个互动并影响的人。社会惰化的研究者及研究内容，见表 2-1。

表 2-1　　　　　　　　　**社会惰化的研究者及研究内容**

作者及年代	研究内容
Hackman &Oldham，1976	社会惰化与工作目标有关系
Liden，Wayne & Sparrowe，2000	社会惰化与工作是否有意义
Spreitzer，Kizilos & Nason，1997	社会惰化与团队
Williams & Karau，1991	感知到同伴的贡献
Arvey & Murphy，1998；Landy & Farr，1980	主管的评价
Viswesvaran & Ones，2000	过程公平
Skarlicki & Folger，1997	抑制努力，故意放慢工作
Karau & Williams，1993；Kidwell & Bennett，1993	动机理论和行为

2. 研究角度及维度

研究的角度从个体层面和群体层面两个层面来进行，个体层面的社会惰化研究包括：个体感受到他们的工作是否需要和其他团队成员紧密接触（任务的依存性）、任务是否能被同伴或主管监测到（任务的可视性），以及个体感知到的程度公平和分配公平。群体层面主要包括团队的规模、团队的凝聚力和感知到的同伴的惰化。社会惰化研究的分层考虑，详细见表 2-2。

表 2-2   **社会惰化的研究层面**

研究层面	维度
个体层面（individual-level）	任务的依存性 任务的可视性 分配公平 程序公平
群体层面(group-level)	程度公平和分配公平 团队的规模 团队的凝聚力 同伴的惰化 感知到同伴的惰化

为了进一步揭示社会惰化现象，相关的研究认为存在协调的困难（Ingham，Levinger，Graves and Peckham，1974），近来的研究者发现与动机理论有关，而且有确凿大量的证据表明惰化与个体是否明确在群体中的贡献（Williams et al.，1981）以及缺乏挑战的工作特征（Harkins & Petty，1982）、低的内在卷入程度（Brickner，Harkins & Ostrom，1986；George，1992）、个人主义取向（Wagner，1995）、低的群体凝聚力（Karau & Williams，1997）、同级的评估缺失（Druskat & Wolff，1999）有关。尽管关于社会惰化有很多说法，但有一个基本的判定，即社会惰化与动机是相关的（George，1992；Sheppard，1993；Wagner，1995）。

　　Karau & Williams（1993）对前人所作的 73 项有关社会惰化的研究进行了元分析（meta-analysis），发现社会惰化是组织中普遍存在的现象，并总结了影响社会惰化水平的各种变量，同时指出了这些变量对社会惰化的影响程度。这就给解决社会惰化问题提供了可能的对策，例如，任务越重要和越有意义，对团队进行评估的机会越多，团队的效价越高；对同事绩效的预期越低，个人的贡献也越低，则个体的社会惰化程度越高。另外对社会惰化产生影响的还有性别和文化差异，尽管研究表明每一类变量的研究对象都有社会惰化行为，但是女性的程度要低于男性，来自东方文化的研究对象要低于来自西方文化的。其他一些研究表明，与男性相比女性更加倾向于团队或社团导向；类似地，东方文化也常常被贴上集体主义的标志，而西方文化则是个人主义导向的，因此文化也会对社会惰化有不同程度的影响。

　　由于社会作用的影响，在结果呈现方面，单独和在群体中是不一样的，社会惰化的影响来自于社会结果是如何改变的，而不是仅仅关注这种社会现象（Guerin，1991，1993）。一种普遍的共识是在群体中成员间是否公平，对于结果的分配，单独时是否会比群体中少（Guerin，1994），因为减少个体的单独识别，在群体中就会减弱个体的评估，随之而来的是其他人的责任心就会降低，因此主张生产结果的分配将是研究的重心，单独评估个体产出贡献。因为这些因素会直接影响结果，它会通过动机、激励、自我意识、个人认知起中介作用来影响社会惰化。另外，社会身份的不同将会影响社会惰化，个人的职位、权力和身份（Guerin，1995a；Fuerin & Sejima，1997）与个体认知的行为和想法发生联系。

　　Murphy 等人根据 Kidwell 和 Bennett 的抑制努力的综合模型（comprehensive model of withholding effort，1993），对前人提出的影响社会惰化水平的因素进行了分类（Murphy，2003）。Kidwell 和 Bennett 认为，偷懒、搭便车这两个词虽然在概念的界定上有所不同，但是两者有一个共同之处就是抑制努力的倾向（propensity to withhold effort，PWE），对社会惰化有不同程度的影响作用。他们在此基础上分析并确认了 PWE 产生的三种不同动机，分别是理性选择（rational choice)、对规范的顺从（normative conformity）和情感因素（affective factor）。当理性选择动机占主导地位时，个体抑制努力是因为他们相信这样做的收益要大于成本；当服从社会规范的动机占主导地位时，个体抑制努力的原因是感受到群体和社会规范；而情感因素则是指团队成员之间的人际关系和团队的承诺对个体努力程度的影响。关键的变量是群体的行为和群体的凝聚力，明确个体在群体中的外在表现、公共和私人的"自我意识"状态，典型的还有同伴的评估（Postmes & Spears，1998）。

团队规模的增加，会增加个体贡献的识别难度（Jones，1984），其他人的增加可能助长不合作的情绪（Garcia，Weaver，Moskowitz & Darley，2002）。团队凝聚力定义为团队成员互相之间有意愿在一起的程度（Mudrack，1989），对社会惰化有反向影响作用（Folger，1977；Greenberg，1987；Tyler，1994）。

2.1.2　社会惰化的测量

社会惰化测量共为分 10 个条目（George's，1992），采用五点式量表，1 代表非常不同意，5 代表非常同意，量表包括向团队其他成员推卸他/她应承担的责任；当有其他成员在做这个工作时，他/她就减少自己的努力；不愿意与他人共同承担工作；如果团队其他成员在为顾客服务时，他/她就不愿多花时间帮助顾客；比团队中的其他成员出力少；尽可能地逃避工作任务；本应该现在完成的工作总是推到以后；一件工作如果其他人能做，他/她就做得少了；如果其他成员在分担工作时，他/她就放松了；如果其他人在场时，就把工作推给其他人。

另外还有人运用实验方法测试这种现象，对于具体任务参与者采取头脑风暴的方法（Harkins，1987；Harkins & Szymanski，1989；Karau & Williams，1993），运用普通的工作任务和较少的任务难度，他们都以名字标识身份而不是匿名来回答问题（既标识团队的名字，也标识个人的名字），在团队中和个人单独时都是如此。通过一系列问题测量社会惰化，最后很好地预测了当个体绩效不能够单独识别，而且在团队中时产量较低，也就是社会惰化行为在团队中比个体时更普遍，匿名时比身份能够识别时更容易发生。

2.1.3 社会惰化的原因分析

个人的行为存在一个惰性区域和努力区域（Postmes & Spears，1998）。两个区域会同时存在于个体之中，在这两个区域中，如果个人努力水平对其满足程度的影响不大，个人可能会进入工作的惰性区域（Kidwell & Bennett's，1993），基于本能抵制促使其努力的各种因素。由此看来，因变量会随着自变量的变化而变化，由个人作为经济人的机会主义特征决定，个人总是会计算和分析各种不同努力和满足水平的成本和利益，换言之，只要有可能，个人就会偷懒。

社会惰化从一般意义上来讲，个体单独表现与在群体中的表现有差异（Lantane，Williams & Harking，1979）。自从社会惰化首次提出以来，很多因素影响社会惰化（Karau &Williams，1993），包括鉴别同伴的表现，他人的行为表现等（Williams，Harkins & Latane，1981），以及被群体中的上级或主管评估个体的表现（Brewer，1995；Harkins & Szymanski，1988，1989；Szymanski & Harkins，1993），任务的难易完成程度（Harkins & Petty，1982；Jackson & Karau，1991）。综上所述，明确和识别个体的表现很关键，评估的结果对社会惰化的研究机制起到了作用。

认知-动机模型对社会惰化有影响作用（Paulus，1983），通过唤醒动机分析认知过程（Griffith，Fincham & Moreland，1989；Sanna，1992）。Harkins认为研究社会惰化的主要几个变量为评估他人的表现、任务的识别（Harkins，1987）。既然社会惰化主要依据绩效的表现结果进行确认，因此对产出的社会评估对研究社会惰化非常重要。评估者可来自于参与者、实验者以及一般的社会标准（Harkins & Szymanski，1989；Szymanski & Harkins，1993）。

降低个体的识别度将更加难以确认群体中的社会身份（Reicher & Levine，1994），在种情况下将会导致反规范行为（Postmes & Spears，1998）。该研究表明即使个体单独工作时，其"自我"和"公共"标准行为会受到社会群体身份的影响，在团体中的个体绝不像单独一个人时那样（Hogg & Abrams，1988）。因此降低个体的识别度将会增加社会相关身份识别难度，比如群体的千人一面（Reicher & Levine，1994a），这有可能会削弱群体的凝聚力，降低群体的公共自我意识，因此会导致去个性化的刻板效应，对群体工作的冷漠等一系列行为（Prentice-Dunn & Rogers，1989）。

还有一部分学者采用了实验的方法，试图辨别出影响社会惰化的现实因素，其中几个变量对社会惰化的水平有着显著影响，这些变量包括任务的重要性与意义、任务的复杂程度、团队的效价、是否存在对团队进行评估的机会、对同事绩效的预期、个人贡献的重要性、团队的规模、团队成员的性别和价值取向等（Brewer，1995；Harkins & Szymanski，1988，1989；Szymanski & Harkins，1993），这些变量为解决社会惰化问题提供了可能的对策。

事实上，无论是单独作业还是团队作业，对个体贡献的可确认性、任务的清晰度、任务的意义或重要性、任务的复杂性、对个人贡献的潜在评估、高绩效的激励等因素都会对个体的努力程度产生影响。以任务的意义或重要性为例，如果个人认为所做的工作没有意义或者对组织无足轻重，那么无论是单打独斗还是与他人协作，都会感到缺乏动力，只不过个人作业时称之为"怠工"或"偷懒"，而团队作业时称之为"社会惰化"。既然社会惰化发生在群体作业的情况下，就必须从群体的角度入手把握社会惰化的本质原因。Murphy等人认为团队凝聚力的提高、和谐的人际关系、组织公平可以有效地遏制社会惰化，本书则认为这些可能正是社会惰化产生的原因之一。影响社会惰化的原因及因素见表2-3。

综上所述，关于社会惰化的原因分析总结如下：

1. 评估潜力

评估潜力（evaluation potential）是影响源之一，社会惰化的一个关键性影响因素是对个体工作可识别性的感知，即对团队工作的评估。研究者（Harkins，1987；Harkins & Jackson，1985；Harkins & Szymanski，1987，1988，1989；Kerr & Bruun，1983；Szymanski & Harkins，1987；

表 2-3   **影响社会惰化的原因及因素**

抑制努力的动机	影响社会惰化的因素	研究者
理性选择	个体贡献的可确认性	Gagne & Zuckerman，1999
理性选择	任务的清晰度（visibility）	George，1992
理性选择	对个人贡献的潜在评估	Harkins，1989；Karau & Williams，1994
理性选择	高绩效的激励	George，1995；Miles & Greenberg，1993；Shepperd & Wright，1989
顺从规范	集体主义	Earley，1989；Erez & Somech，1996
情感因素	团队凝聚力	Karau & Hart，1998；Karau & Williams，1997
情感因素	人际关系与公平感	Murphy et al.，2003

资料来源　马志英. 组织中的社会惰化研究：成因与对策［D］. 北京：中国人民大学，2005.

Williams，Harkins & Latane，1981）就曾将社会惰化定义为个体对可识别性或评估的感知。要理解社会惰化效应，应该把个体的可识别性和预期评估的效应结合起来（Szymanski & Harkins，1987），预期会导致绩效下降这一点已经得到了证明，不管评估者是实验者（Geen，1979）还是实验对象（Szymanski & Harkins1987）。在社会惰化研究的历史中，衡量激励损失的指标中包含着个体的可识别性标准。

2. 不公平感

社会心理学把一个人在群体中工作不如单独一个人工作时更努力的倾向称为社会惰化效应。合作是团队经常提及的事项，而且也有"三个臭皮匠顶个诸葛亮"的说法，即整体效果大于部分之和的效果。但在团队合作中，往往会发现小组成员你推我让，抱怨所分配的任务太多，习惯把困难推给其他成员，造成整体合作的下降，最终不能完成任务。如果在群体中的个体感知到不公平，他们就会失去工作兴趣和工作动力，责任心和积极性都会有所下降（Thibaut & Walker，1975，1978；Lind & Tyler，1988），特别是会将自己的付出和收益与他人的付出和收益进行比较，若有不公平现象，员工就会有消极怠工的工作动机和行为倾向（McFarlin & Sweeney，1992）。不公平感还会导致其他负面的影响，降低工作绩效（Greengerg，1988；Preffer & Langton，1993），使工作质量得不到保证（Cowherd & Levine，1992）。

3. 责任扩散

责任分散是指在与他人共同工作时，将工作推给别人去做，个人有责任感下降的倾向，群体的责任压力由于群体的规模增大而被分摊（Knoke，1988，1990；Sheppard，1993），落到每一个人身上的责任就很少了。因此，个人的责任压力减小，互相依赖，互相推诿。而且团队中人数越多，责任被分摊的越严重，相应惰化的行为就会出现。所以为了削弱社会惰化效应，还要缩小团队人数的规模，从而避免责任分散。

4. 协作困难与厌倦任务

为了解释社会惰化现象，前人的研究指出协作的困难（Ingham，Levinger，Graves & Peckham，1974），个体在群体中的贡献识别（Williams et al.，1981），缺乏挑战和明确的个人贡献（Hrakins & Petty，1982），低的内在的卷入程度（Brickner，Harkins & Ostrom，1986；Eorge，1992）；个人主义导向（Wagner，1995），低的群体内聚力（Karau & Willams，1997）；缺乏同级的评估（Druskat & Wolff，1999），尽管有许多人在研究社会惰化，但一个基本的共识是社会惰化与协作困难有关（George，1992）。

社会惰化也和厌倦任务有关系（Blunt & Pychyl，2000），面对同样的任务有消极情绪和潜在的不良表现（Ferrari，2010；Ferrari et al.，1995；Milgram，1991；Pychyl，2010；Steel，2007）。

5. 感知到同伴的惰化

感知同伴的惰化指的是团队成员在多大程度上感知到其他同伴有惰化行为（Comer，1995），感知到同伙的惰化对群体的绩效影响是严重的（Mulvery& Klein，1998）。员工尤其是会观察其他人的行为，而其他人的行为又会影响他们自己的行为（Mitchell，Rothman & Liden，1985）。行为的导向来自于感知到的团队中其他成员，个体猜想其他人的惰化将会影响他们自身的惰化。基于这种考虑，Schnake 作了一项研究，表明群体中成员认为其他人会抑制自身的努力（Schnake，1991），为了心理平衡他们也倾向于抑制他们的努力。正是基于这种发现，Mulvey 和他的同事（Mulvey，Bowes-Sperry& Klein，1998；Mulvey& Klein，1998），分成两组来研究发现感知到的惰化和任务绩效之间呈负相关关系。同样，（Robinson & O'leary-Kelly，1998）发现反社会行为与社会惰化正相关，比如，"工作做得很差，工作使坏，消极怠工"。

个体的惰化与期望的同伴行为有关（Adams，1963；Kerr，1983；Jackson& Harkins，1985），一些研究把任务进行分离（Kerr & Bruun，1983），研究了个体在共同任务和分离任务的绩效表现，他们发现在分离任务时，个体表现取决于个体本身，不受其他人影响，而且不容易出现惰化，然而，在合作任务中，个体表现取决于团队其他成员的表现，就容易惰化。

6. 文化因素

不同的文化根源和体制对群体的惰化有不一样的影响，集体主义更容易社会惰化（Hofstede，1980；Adler，1986）。国际合资企业和管理咨询研究表明，社会惰化与不同的心理机制、管理原则、公共成就、集体利益是相关的（Hofstede，1980；Wilpert，1984；Ronen Shenkar，1985；Erezand Earley，1987；Olson，1971；Mckie，1974；Stroebe & Frey，1982）。

尽管团队成员可以分享到集体利益（Olson，1971），但是他们分享到的利益是一个共同利益，与他们个人的投入没有太大关系。个体的贡献几乎是一样的，不容易被群体所识别。（Weldon & Mustari，1990）通过实验验证了这种现象，对任务自己承担责任和共同承担责任，效果是不一样的。

2.1.4　社会惰化的影响结果

社会惰化的影响结果表现为，单独时和在群体中是不一样的（Guerin，1991，1993），一种普遍的共识是在群体中大家是否公平，对于结果的分配在群体中是否会比单独时少（Guerin，1994），因为减少个体的单独识别，在群体中就会减弱个体的评估，随之而来的是其他人的责任心就会降低和绩效的下降（Guerin，1995a；Fuerin & Sejima，1997）。

尽管特定的强化和惩罚会有针对性地改变个体的行为，同时改变结果（Miles& Greengerg，1993），但需要从组织管理的角度考虑分配公平和程序公平对绩效的影响（Guerin，1994，1995a；Hogg，1992；Gogg & Abrams，1988；Hogg，1992）通过让被试参与实验的方法在具体任务中并没有惰化现象发生，整体绩效能达到目标要求，但在现实生活，由于会受组织公平的影响，这种情况会有差异。

基于以上的分析，一个基本的因素是经济手段的调节作用（Brief Aldag，1989），事实上，工作的一个基本功能是为了生活（Jahoda，1981）。很少有人会做没有经济收入的工作，这时经济收入的公平性就会对员工的行为和绩效产生关系（Rice，Phillips，Mcfarlin，1990）。因此，一个基本的经济交换关系在个体和组织之间产生（Jones，1984）经济动机刺激个体的努力（Jones，1984），改善他们的任务绩效和周边绩效。

根据上述社会惰化的影响结果因素，提出社会惰化对绩效的影响因素（Latane，1979）：（1）公布群体工作成绩与每个成员的工作成绩，让个体感到工作成绩是可测量和评价的；（2）使群体成员不仅了解自己是努力工作的，他人也是努力工作的；（3）群体的规模不宜太大，如果是一个大群体，就可以将它分为几个小规模的群体（Karau & Williams，1993；Sheppard & Taylor，1999）。在组织中员工的绩效产出除了依据个体的表现外，还与组织的公平性有直接关系（Knoke，1988，1990；Sheppard，1993）。努力所得与组织的评估、个体的动机及分配有关（Lawer，1971），同样，个体如果没有动机去增加绩效或绩效不能很好测量、分配与结果没有关系时，就会产生低绩效行为。

2.1.5 小结

根据社会惰化的定义，即"当群体一起完成一件工作时，群体中的成员每人所付出的努力会比个体在单独情况下完成任务时偏少"，这种现象最直接的后果就是导致组织效率的下降（马志英，2005），直接表现为产能的下降或者无法达到理想状态。

目前关于社会惰化的研究内容已很丰富，大多围绕社会惰化的概念、表现形式、对组织绩效的影响、不同类型的组织所表现出来的社会惰化的特点，以及如何减少社会惰化等方面展开研究。但是社会惰化现象并未被充分探究，本书以社会惰化为中轴，分别从形成原因和影响因素两个视角，进行前导式和后推式的研究。根据以上分析，总结社会惰化影响因素和影响结果，见表2-4。

表 2-4 **社会惰化的影响因素及结果**

研究者	社会惰化影响因素及结果
Steiner	社会惰化产生的原因是过程丧失（process loss），一种是协调性丧失，另一种是动机丧失
Latane	社会惰化主要是由群体成员动机性丧失造成的
Comer	可感知的社会惰化概念，认为个体是否意识或注意到群体中社会惰化现象的存在会影响个体实际社会惰化行为的产生
Ingham，Latane	社会惰化主要源于动机性丧失，从事趋向共同目标的活动时，与单独或强制情境下的工作状态相比，努力程度和平均贡献随群体规模的扩大而减少
Karau Williams	提出群体效力模型，指出群体成员只有在认为自己付出的努力有助于取得个人认为有价值的结果时，才愿意付出相应的努力
Jackson Williams	激励减少理论解释社会惰化的研究结果，清楚证明了惰化能够得到控制，但是无法消除
Hsiang-Ming Fang	任务的可辨别性以及对群体其他成员惰化程度感知对社会惰化有影响

　　基于文献的分析发现，目前的研究也存在一些误区，研究者存在一个相同的错误，就是混淆了影响社会惰化的个体因素和社会性因素，因此都没有抓住社会惰化产生的本质原因。本书认为，无论是单独作业还是团队作业，对个体贡献的可确认性、任务的清晰度、任务的意义或重要性、任务的复杂性、对个人贡献的潜在评估、高绩效的激励等因素都会对个体的努力程度产生影响（孙利虎，2010）。对于社会惰化的后果，一般都认为会导致组织协作效率的降低，也就是经济学家哈维·莱宾斯坦所说的低效率。但是，本书认为社会惰化的后果不仅止于此，如果任由社会惰化滋生蔓延的话，带来的就不仅仅是协作效率的损失，而且会导致组织机能和群体机能的退化，产生"劣币驱逐良币"的现象，使整个组织丧失了发展的持续动力，使个体的任务绩效和周边绩效都受到影响，另外组织分配的公平与否，直接决定了绩效产出的高低。

2.2　工作任务

2.2.1　任务的依存性

1. 任务的依存性提出

　　任务的依存性（task interdependence）和任务的联合性是由工作设计理论提出（Hackman & Oldham，1976），任务的依存性描述为当前工作流或工作群之间的关系。

　　Hackman & Oldham 的工作设计理论并没有把任务的依存性作为一个独立的工作特征来研究，依存性概念的系统分析有以下因素（Blood Hulin，1971；Oldnham，1976；Hackman Lawler，1971；Stone，1976）：（1）任务的多样性；（2）相互作用；（3）知识和技能；（4）自主性；（5）可选择性；（6）责任。这些因素直接与任务相联系，依存性的测量在员工和工作群体之间进行。

　　一些研究者运用依存性来发展理论，他们发展理论的依据有两个假设：假设一是任务依存性的存在，假设二是组织变得越来越复杂，劳动分工增加，全部要进行角色分工。然而，发展理论的难度在于，个体和角色、任务之间的评估有难度（Kahn，Wolfe，Quinn，Snoek，Rosenthal，1964），他们强调依存性主要来源于任务，任务的依存性表现为，工作流会由一个工作流到另一个工作，高度的任务依存性将直接由一个人影响到另一个人，通过工作流之间的传递来影响。Wageman（1995）定义任务的依存性为，团队成员的工作与其他成员相关，以致他们必须分享资源、信息，从而来完成任务。

任务依存性包含三个维度：范围、资源、临界。范围就是一项工作与另一项工作相互作用和联系的宽度，也就是工作流的广泛性（Hinings，Hickson，Pennings，Schneck，1974），广泛性就是一个工作单元与另一个工作单元之间在很大程度上的相互联系。关于范围的测量，不同的研究采用不同的手段，Blau是采用在一段时间内焦点工作与其他所有工作触头的数量、焦点任务与其他任务联系的百分比来计算的。

资源就是相互依存的两个工作或多个工作在完成工作时对给予资源的需要程度，资源可能包括原材料、工具、设备、信息、指令（Billings et al；Also，1971）、资金、原材料、人事、程序（Aiken，1982），这些维度普遍要在组织和个体间进行概念化分析。

临界就是在多大程度上焦点工作与其他更多的工作在绩效产出的联结，研究路径是测量有效绩效产出，焦点工作依赖于其他工作的绩效产出。

任务的依存性与潜在的工作动机有关（Thompson，1967），如果任务的依存性增加，将降低工作的自主性，进而直接影响个体动机和工作满意度。Trist&Bamforth研究发现，矿工在角色内认知到高的任务依存性，将会发生如下现象：（1）拒绝对产量负责；（2）容易形成低生产率；（3）不能充分发挥效用；（4）经常缺席或离职。

2.任务依存性的测量

任务的依存性共有五个条目，量表是由（Pearce & Gregersen，1991）开发，条目采用七点式量表，"1"代表非常不同意，"7"代表非常同意。量表的条目包括："我的工作与其他人联系紧密""我必须与其他人共同努力完成工作""我所做的工作对其他人有影响""我的工作相

当独立""我开展工作很少需要协调其他人""我不知道其他人完成工作
的情况""为了完成工作，我需要与很多人沟通"等。关于的依存性概
念及测量，详见表 2-5。

表 2-5 **依存性概念及测量**

作者	概念	测量
Aiken hage 1968	组织的依存性	（1）涉及的顾客数量及交换；（2）人员的借调和交换；（3）人员、资源和财政的支持；（4）过去十年的类推分析
Blau 1966	交互作用	单位时间的观察依据：（1）每小时每个员工的触头数量；（2）每小时接受联系的数量；（3）最初的联系数量；（4）总共联系数量的比例
Billings et al 1977	任务的依存性	（1）为完成我的工作需要与其他人联系；（2）我的工作必须在其他人完成后才能完成；（3）我的工作必须在其他人之间完成
Jenkins et al 1975	需求的依存性	（1）个体的工作在多大程度上是一个人完成的；（2）个体的工作在多大程度上要依赖于其他人提供材料和信息
Lynch 1974	内部任务的依存性	（1）你的工作在你的部门与其他人的工作所占的比例；（2）在你的部门，你完成工作多大比例后，其他人才能工作
Mohr1971	任务的依存性	（1）我的下属一个人完成工作，很少与其他人发生联系（反向问题）；（2）为了圆满完成任务，我的下属必须与其他人合作
Overton et al 1977	任务的依存性	（1）有多大比例，你需要其他人帮助或其他人帮助你；（2）需要多少时间，其他部门配合你或你配合其他部门；（3）有多少人需要你的配合和支持
Thomas 1957	路径和目标的依存性	如果你与同事一起完成工作目标，（1）是你影响他；（2）还是他影响你
Turnerlawrence 1965	需求的直接影响	（1）每隔两小时，有多少人需要联系；（2）花在联系上的时间；（3）直接联系

3. 依存性的分类

依存性分为两种（Wageman，1995）：任务依存性和目标依存性。任务依存性表现为团体成员技能、资源、技术等对团队任务的投入因素相互依存，以及成员承担不同职能，共同完成任务等运作过程相互交叉。目标依存性表现为任务目标以团队整体目标形式界定的程度，以及绩效评定和奖励时采取对团队整体奖励的程度。

Wageman 发现，任务依存水平影响协作程度，而目标依存水平影响成员的努力程度。由于目标依存类似于对激励方式的操作，而本书关注不同任务情境中绩效发展过程，为了排除其他外源变量影响，只选择任务依存性作为研究变量。任务依存性用于团队互动过程之中（Cohen & Bailey，1997），高任务依存性会增加对沟通的需求，进而影响团队的合作、信任和绩效。基于这种考虑，本书提出，任务依存性高比任务依存性低更容易出现社会惰化。

任务的依存性主要指个体的任务与群体其他成员的任务之间的结构性相联系，如目标间的关联、流程上的衔接、资源共享和分配，以及对团队合作的要求程度（Adkins，et al.，1996；Shaw，et al.，2000；Tannenbaum，et al.，1992；Wageman & Baker，1997）。

4. 任务依存性与社会惰化

任务的依存性是相对任务的独立性而言，主要针对团队成员对任务的驱动和分解（Shea & Guzzo，1987），也就是说我们在操作任务时多大程度上需要其他成员的配合与支持。因此，个体的知觉在完成一件工作任务时可能会与其他人发生工作的关系，个体会存在一个预设，其他人在完成工作时尽力了吗？这就导致了在不完全独立的情况下，单独的个体的努力就有所保留，这样社会惰化就会产生。换句话说，如果任务完全独立，每个人的任务都包产到户，不受其他人的影响和干扰，个体就会全部投入，对任务的结果负责，也就不会有社会惰化这种现象了。可见，任务独立性与社会惰化存在一定的联系。

个体知觉到的任务依存性越低（独立性高），他们对工作完成的成就感越强（Manz & Angle，1986），同时会减少交易成本，个体会有强烈的动机，尽自身的最大努力完成他们的本职工作（Jones，1984；

Williamson，1975）。因为这时责任没有被分摊，贡献很好鉴定。基于以上的考虑，很多实验研究的结果表明，任务的依存性与社会惰化存在负相关关系（Harkins & Petty，1982；Weldon & Gargano，1988；Williams et al.，1981）：任务的依存性越低、可识别性越高，社会惰化就越少。反之，任务的依存性越高、可识别性越低，越容易出现社会惰化。这里会引入个体认知的概念，当个体知觉到任务的依存性高时，个体会坚信他的努力会混入同伴中，不容易被鉴别出来，不知道谁的贡献大，谁的贡献小，基于贡献模糊考虑，这时就会减少自己的努力程度。反过来说，当个体知觉到任务的依存度低时，他的努力会被单独测量，不会受其他同伴的影响，个体的认知驱使他全力完成工作。

从另外一种角度考虑（团队层面），我们可以得出，任务的依存性越高，团队当中的成员越可能注意到有的成员有偷懒现象，而且这种行为表现会或多或少影响到团队当中的其他人，当一些人在完成任务时存在惰化，另一些人也有从众效应。总之，任务的依存性越高，团队成员出现惰化的行为越普遍，详见图2-1。

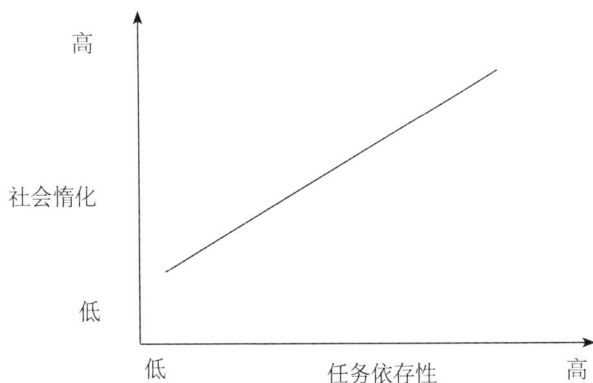

图2-1　社会惰化与任务依存性关系图

2.2.2　任务的可视性

1.任务的可视性提出

任务的可视性（task visibility）就是从任务本身是否被监控的角度

而言，任务可视性取决于情景和上级对个体的监控和评估。从一方面来讲，当个体单独工作时，他们的绩效和产出很容易被评估，这时任务的可视性就高。从另一方面来讲，当个体在团队中一块工作，任务的鉴定是模糊的，也就是任务的可视性较低。

任务的可视性会影响员工的工作动机和工作表现。因为任务如果很难区分，个体的产出和贡献就不能被很好地识别，个体就不会尽力完成工作任务，也就不会对产量和绩效那么关注和在意，因为他不会因为产量的增加而被主管评估和认可，同样地，低的绩效表现也不会明显地被主管和他人评估和区分。

2. 任务可视性的定义与内涵

任务的可视性是指个体相信他们的主管可以看到他们的努力（Kidwell & Bennett，1993），如果任务不能被其他人注意到，个体就会觉得干得多也不能得到奖励，干得少也不会得到惩罚。个体的工作不能被很好识别时，就会产生"迷失在丛林"中的现象（Latane，Williams & Harkins，1979）。

任务的可视性（可识别性）可以用期望理论（Vroom，1964）给出很好的解释，努力是否会有成果，成果是否被认可，人们根据他对某种行为结果实现的可能性和相应奖酬重要性的估计来决定其是否采取某种行为。特别是，当个体知觉到绩效和结果不对等，他们就更容易消极怠工和社会惰化（Jones，1984；Karau & Williams，1993）。因为当任务的识别度低时，个体的绩效表现对结果的影响不大，这时个体就会削弱自身的动机，抑制努力，他们觉得主管不会很好地识别时（George，1992），也就干得更少。当个体的努力不能和其他人区分出来时，他们的投入就会明显降低。相反，当任务的识别性高时，他们的努力可以很好地与同伴区别开来，就会尽力投入工作。因此，当任务可视度低时，会出现惰化，因为增加努力和减少努力，既不会得到奖励也不会得到惩罚。

3. 任务的可视性测量

任务的可视性共六个条目，量表由 Grorge（1992）开发，条目采用七点式量表。1 代表非常不同意，7 代表非常同意，量表条目包括：

"我的经理关注我工作的数量""如果我偷懒，我的经理会发现""当任务不能被上级或同事看到时，我觉得尽力也不会得到好处，不尽力也不会得到惩罚""不管我多么努力工作，我的主管很难识别我的工作""我的主管知道我所做的一切工作"等。

4. 任务的可视性与社会惰化

任务的可视性和社会惰化呈负相关关系，在群体中的产量减少是因为个体在群体中的努力比个体单独时少，这是社会惰化的典型和直接的表现形式（Latane，Williams，Harkins，1979），可见社会惰化与任务的可视性有相关关系（Earley，1989；Harkins，Latane，Williams，1980）。关于它们之间的关系，前人的研究表明外在和内在的任务因素部分解释社会惰化。

外在的解释是社会惰化主要因为个体在群体中的贡献不容易被识别（Williams，Harkins，Latane，1981），在这种情况下，动机可能是低的，因为感知到的个体的努力和处罚及报酬是少的（Jones，1984），个体感知到高水平的努力工作不会得到额外的奖励；低水平的努力工作也不容易识别（Jones，1984）。事实上，在实验控制下，个体的努力是明显的，因为他们的努力很容易被识别。可是在实际的工作中，个体对任务的可视性的认知是不同的，这种认知会影响到社会惰化。

认知到任务的可视性是指个体相信主管能够看到他们的工作和努力付出，当任务的可视性低时，员工认为主管很难监控他们的工作，不管他们付出多大的努力，主管也不会发现，这时社会惰化就会出现。相反，如果任务的可视性高时，员工相信主管会关注他们的努力水平，因此尽可能减少惰化。

尽管，外在动机是一个强有力的因素（Lawer，1971），个体对工作的内在动机也是一个重要因素（Hackman & Oldham，1980）。当内在动机高时，主管可能就不需要监控员工的努力，员工自己就会表现出正常的绩效。在实验研究中表明，任务的内在卷入程度，对社会惰化有不同程度的影响作用（Harkins，petty，1982；Brickner，Harkins，Ostrom，1986），当个体认为他们对群体的绩效有独特贡献，社会惰化一般不会发生（Harkins & Petty，1982）。基于这些发现，在实验控制下，当个体的卷入程度高时，社会惰化较少发生，低的任务卷入程度就不一样了（Brichner，Harkins & Ostrom，1986）。个体的卷入程度高时，个体相信自己的工作是有意义和重要的，因此他们就会尽自己的努力为组织效劳。内在的卷入程度调节任务和社会惰化之间有负相关关系，因为员工在工作过程中，高的内在卷入程度可以减少社会惰化，甚至当任务可视性低时，他们都可以自我强化，减少对工作的倦怠。当内在卷入程度高时，员工就会不太关注上级对他们努力的关注。相反，当内在卷入程度低时，员工就会表现出高社会惰化，绩效任务的完成是为了自身的利益，因此绩效表现的高低程度受个体内在的卷入程度高低的调节。

在群体中当任务的可视性低时，个体就会感知到他们的努力是可有可无的，没必要为群体使那么大劲（Kerr & Burn，1983），如果个体看到他们的努力是可有可无的，他们这时就会减少贡献。而且个体的推断过程可能与内在和外在因素有很强的关系。举例来说，如果个体感知到任务的可视性低，他们可能就会评估工作没有意义，进而对组织有极少的贡献，就容易出现社会惰化，详见图2-2。

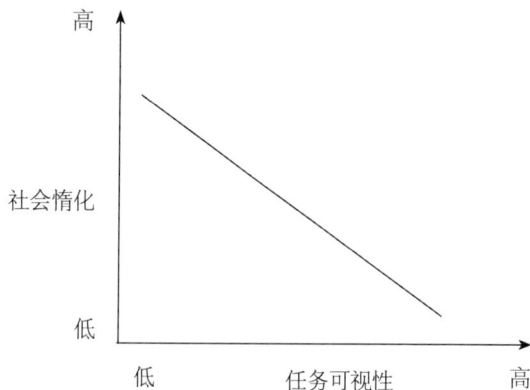

图2-2 社会惰化与任务可视性关系图

综合以上2.2.1和2.2.2对任务依存性和任务可视性的描述及文献梳理，可以得出任务与社会惰化之间的关系，任务依存性与社会化正相关，任务可视性与社会惰化负相关，详见图2-3。

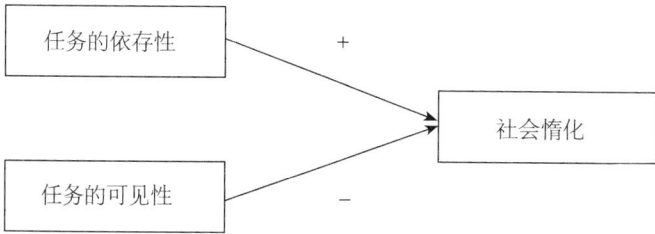

图 2-3　任务与社会惰化关系

2.3　个体认知

个体认知对个体的行为起着重要的作用，并揭示了认知水平对他们绩效和产量的重要性（Santanen et al.，1987）。因此，对认知的考察有助于理解团队中社会惰化的中介机制，实证研究的目的就是要明确认知机制是如何作用于社会惰化的产生。基于此，本书在文献阅读和现实实践的基础上认为有以下三个主要的认知机制（贡献模糊、责任扩散、去个性化）将会在工作任务和社会惰化之间产生作用。

2.3.1　贡献模糊

贡献模糊是指认知过程中个体本身的行为和贡献不容易被识别（Bandura，1990），当团队成员看到其他成员有社会惰化行为时，他就不用为自己的惰化而感到内疚了。贡献若不能被识别，个体在群体性工作中会减少努力，同时会觉得他们的努力对于群体的整体表现并不重要，可有可无，便会采取"搭便车"行为。群体的工作任务与个体努力的可省略性有密切关系，例如有些群体工作是不联结的任务（disjunctive task），即群体的成功取决于表现最好的那个人，因此能力差的个人会认为自己的影响力小，努力的可省略性较高，社会惰化产生的可能性较大；若群体工作是联结的任务，即群体的成功取决于群体中表现最差的那个人，这时能力较强者的努力可缺省性较高，也容易产生社会惰化行为。

评价的可能性理论认为，当群体中个体的绩效不可辩认或被评价的可能性较低时，就会导致动机性丧失，产生"迷失在群体中"（lose in the crowd）的感觉。因为在群体中，个体的工作绩效一般很难直接评价，如果个体相信自己的表现无法辨认，不可能被评价或行为与结果的联系不紧密时，就会采取努力极小化策略，继而表现为社会惰化行为。反之，社会惰化的产生的可能性就会大大减小。

如果主管不关注他们的贡献值，他们就觉得努力是白费。相反，如果主管监视他们的产出，他们就会推断出其他人在关注他们的努力，则会尽自己的努力。因此，外在的关注程度会影响内在的认知，从而改变个体行为和努力程度。试想，如果个体认为他们的上级不关注他们在群体中的努力和绩效，他们就会理性地产生社会惰化（Ablanese van Fleet，1985），也就是说，如果个体认知到任务的可视性低，贡献不能很好识别，他们得到的利益与他们付出的成本是不对等的。

单独测量使人们保持了足够的被评价焦虑，因而行为动机也得到激发。也就是说，只要每个人都明白，自己所做工作是能被识别出来的，就会更努力。每个人的工作都可衡量，可评估时，团队中的公平感就更容易建立，更容易减少惰化。

2.3.2　责任扩散

责任扩散也称为责任分摊，就是个体认识到个人的工作结果的好坏会转移到其他人身上（Latane & Darley，1970），责任扩散削弱了个体的自我行为表现力，因为个体觉得对于团体的产出结果是大伙的事。通过这种心理机制，个体感知到自己的责任小了，即使自己不做，其他人照样会做。正如巴拿德所言："如果每个人都承担责任，也就没有人感到有责任了（Bandura，Barbaranelli，Caprara & Pastorelli，1996）。"这种心理机制正好解释为什么当有旁观者在场时，人们不愿意帮助在逆境中的人（Schwartz & Clausen，1970）。

当责任没有被分摊或扩散，员工就会感到他们的努力对于团队的成功很重要，因此他们的惰化行为会较少。该论点是基于这样的事实，员工一般会认为工作是有意义、有价值的，他们会置于平均水平之上（Gothals & Zanna，1979；Jelliso & Riskind，1970；Myers，1980），个体就会以高于平均水平的努力对团队的整体绩效作出贡献。相反，当责任扩散时，员工会认为他们的努力是没必要的，并且对团队的绩效不那么重要，因此团队的其他人也会效仿他们的做法，对任务的贡献不够。实验研究发现，社会惰化一般会发生在责任有所扩散和分摊的情形下（Harkins & Petty，1982），个体都会觉得他们高于平均水平的努力对团队的贡献不太重要（Harkins & Petty，1982），那么社会惰化就会发生。

2.3.3　去个性化

去个性化，又叫个性消失、压抑化、去抑止化，是指个人在群体压力或群体意识影响下，会导致自我导向功能的削弱或责任感的丧失，产生一些个人单独活动时不会出现的行为。去个性化的外在条件之一是责任的模糊化。

去个性化是一种自我意识下降、自我评价和自我控制能力降低的状态。个体在去个性化状态下行为的责任意识明显丧失，会做出一些通常不会做的行为。去个性化从一般意义上来说，个体在群体中的产出倾向于侵略、违背、反规范，或社会不期望的行为（Diener，1980；Prentice- Dunn & Rogers，1980，1982，1989；White，1977；Zimbardo，1970）。去个性化的另一种意思是指刻意在自身和工作对象间保持距离，对工作和他人感觉到没有兴趣、意义和热情，表现得很冷漠（Barnard，2001），对工作敷衍了事，个人发展停滞，行为怪僻，提出调度申请等。

还有一种现象也是去个性化的表现，即太专注于某件事情，以至于完全忽略他人，甚至忽略我们自己是如何看待我们的行为的，这种情况下个体是处于去个性化状态的。

去个性化的人不能很好感知到其他人的存在（Bandura，2004），他们并不考虑其他人的感情、想法，也并不关心他人的重要性。比如，在战争年代，国家之间视对方为敌人，采取惨无人道的手段折磨和拷打他们，尽管这是灭绝人性的极端做法，Bandura指出现代生活的许多方面折射出这种非人道和去个性化。人们倾向于变得没有人情味，导致官僚化，机械刻板，陌生的关系在上升。去个性化在技术领域表现尤其突出

（Haslam，2006），因为自我的表现部分是依赖于其他人的看法，去个性化恰恰是没有考虑其他人的情感等一些因素。根据 Schwartz and Struch 的观点，当个体并不能感知到其他人有相似的价值时，他认知到的人性化就降低，而且对他人也没有兴趣，表现冷若冰霜，他们只根据自己的兴趣来做事，对待别人像机器一样（Haslam，2006），因而就会出现惰化行为。

2.4　组织公平

大量的研究对公平的概念作了深入的探讨，具体可分为程序公平、分配公平和互动公平三个维度（Bettencourt et al.，2005；Lin，2007；Saunders & Thornhill，2004）。基于本书的研究假设，主要从分配公平和程序公平两个维度来分析和总结。

2.4.1　分配公平

1. 分配公平的概念

在组织行为研究中，分配公平（distributive justice）对员工的努力程度起着非常重要的作用。在经济学文献中，大量的研究表明分配公平与社会惰化是负相关关系，也就是分配越公平，社会惰化越低。经济学研究分配公平主要是基于工资效率假设，个体没有抑制自己的努力是担心被解雇和失去工资（Lazear，1979；Lazear & Rosen，1981）。

在组织行为文献中，分配公平就是个体坚信他们劳动所得是基于他们的劳动价值创造，这也就激发了个体努力的动机。特别是在分配公平的前提下，社会惰化程度最低（George，1995），这与组织公平理论是相一致的。基于组织公平理论（Folger，1977；Greenberg，1987；Tyler，1994），很容易得出这样的假设，即个体感知到的公平和社会惰化负相关（Kidwell & Bennett，1993），研究发现社会交换和分配公平是一致的（Tyler，1994），个体抑制或减少他们的努力是因为他们感觉到不可能得到公平的待遇，也就是说组织所赋予他们的收入与他们对组织的投入不对等，不均衡。

与分配公平有直接联系的是公平理论（Adams，1965），该理论的运用对于组织公平的研究起着主导性和决定性的作用（Grover，1991）。分配公平主要是指员工感知到的结果公平和员工付出所得劳动收入（Folger & Cropanzano，1998），后来 Mueller and Iverson（1999）将分配公平定义为与员工的投入相比较的报酬的评估和价值分配是否公平。研究分配公平要考虑分配不公平的现象（Adams 1965；Walster & Berscheid，1978；Cook & Hegtvedt，1983）。

Lambert，Cluse-Tolar，Pasupuleti，Hall and Jenkins（2005）表明分配公平不仅仅局限于对员工报酬和结果的考虑。它应该关注在公平方面的奖惩系统，因此分配公平将从两方面解析，一是对高于绩效水平的奖励措施，二是对低于绩效水平的惩罚措施。基于这两方面的研究会对组织的绩效产生积极的意义和作用。Adams and Freeman（1976）建议分配公平是个体对公平的判断，主要是个体的投入和收入的比值与他人投入和收入的比值进行比较，是一个相对的概念，公平具有一定的参照物。举例来说，员工不只关心他们的绝对收入，还会与他的同事的收入相比较，通过比较的结果，员工决定投入努力或抑制努力。

2. 分配公平测量

分配公平共五个条目，采用（Welbourn，Balkin and Gomez-Mejia，1995）的量表，基于员工感知到的公平与他们的所得相比较。所有的条目采用五点式，"1"代表非常不同意，"5"代表非常同意。该量表信度系数在 0.85～0.95 之间，条目包括："我的薪酬所得是公平的""我认为分配给我的工作量是公平的""我觉得分配给我的工作职责是公平的"等。

3. 实证研究

分配公平是指对收入配置和发放的公平性，比如决定分配的系统（Thibaut & Walker，1975）。个体感知到的分配公平会影响绩效产生，进而影响对工作任务的努力水平（Karau & Williams，1993）。研究发现来自上级的一致的奖惩与社会惰化有负相关关系（George，1995），不一致的奖惩与社会惰化呈正相关。以上研究表明分配公平越明显，则个体对任务的努力程度越强。在对一些销售人员的纵向研究中，Sager

（1991）发现分配公平与离职率有关，Ambrose and Cropanzano（2003）发现分配公平会影响员工未来留在组织的态度。

4. 分配公平现象

分配公平被视为一种重要的预测组织内员工的工作态度和行为的因素（Clay-Warner，Reynolds & Roman，2005）。分配公平对于员工的满意度和离职率都有一定的影响（Alexander & Ruderman，1987；Konovsky，Folger & Cropanzano，1987），这也有力地支持了公平认知与员工满意度的关系（Donovan，Drasgow & Munson，1998；Masterson et al.，2000）以及与离职倾向的关系（Konovsky & Cropanzano，1991；Ball，Trevino & Sims，1993；Cohen - Charash & Spector，2001；Ramamoorthy & Flood，2004）。分配公平研究表明对于低的分配公平，员工可能会采取离职行为来抗议（Hom，Griffeth & Sellaro，1984；Hendris，Robbins，Miller & Summers，1998；Fields Pang & Chiu，2000）。

Deutsch（1985）主张员工期望他们的份内工作被组织公平公正对待，这主要针对于组织的报酬系统。Lambert et al.（2005）说明如果没有组织的公平，组织对员工的激励会出问题。

2.4.2　程序公平

1. 程序公平的概念

程序公平（procedural justice）被视为感知到的在决策方面的公平。它主要针对结果实现所感知公平的过程（Lind & Tuler，1988）以及影响个体知觉的组织决策系统（Luo，2007）。感知到的程序公平会影响员工的工作态度，比如工作满意度、组织承诺、社会行为、团队目标、工作绩效、离职和缺勤等一系列方面（Adams，1965；Leventhal，1976；Greenberg，1990；Cropanzano & Greengerg，1997；Fields et al.，2002；Ramamoorthy & Flood 2004）。

2. 程序公平测量

程序公平共七个条目，采用（Welbourne et al.，1995）的量表，主要是考察感知到的公平与组织的分配系统，采用五点式，"1"代表非常不同意，"5"代表非常同意。该量表信度系数在 0.75～0.88 之间，条目包括："组织是在一种无偏见状态下进行决策的""组织在决策前会充分收集正确的信息""组织在做出决策前会倾听员工的意见"等。

3. 程序公平的实证研究

程序公平在个体层面上来讲对员工的自我尊重有积极影响（Tyler & Lind，1992；Koper et al.，1993；Smith & Tyler，1997），会影响员工的感情投入（Folger & Cropanzano，1998；Tyler & Smith，1998）。程序不公平会引发员工的消极情绪（Folger & Cropanzano，1998；Weiss et al.，1999；Miedema，2000；Cremer，2004）。当人们认为决策过程不公平时，员工会降低对组织的承诺，产生更多的偷懒行为，高的跳槽（离职）倾向以及低绩效行为（李超平，时勘，2003）。对于程序公平更进一步元分析说明程序公平和工作表现存在正相关关系（Colquitt，Conlon，Wesson & Porter，2001）。

4. 程序公平现象

程序公平还对员工的信任和组织和谐产生积极影响（Korsgaard et al.，1995；Naumann & Bennett，2000），便于政策和制度的执行（McFarlin & Sweeney，1992；Masterson et al.，2000），员工表现出的组织公民行为（Niehoff & Moorman，1993；Ball et al.，1994，Konovsky & Organ，1996），以及对组织的贡献和战略计划的实现（Floger & Konovsky，1989；Mishra & Spreitzer，1998）。程序公平还有利于员工在组织中的价值实现（Korsgaard et al.，1995；Kim & Mauborgne，1998；Tyler & Lind，1992），对组织的绩效也有积极的影响作用（Kim & Mauborgne，1998）。员工感知到程序公平很重要，他们愿意遵守团队规则（Tyler，1997），倾向于表现出对组织更有益的行为（Naumann & Bennett，2000），然而有效的程序公平取决于领导风格和政策制定的合理性（Cremer，2004），程序公平会影响员工的自尊和贡献（Cremer，2006），相反，程序不公平对员工有消极的影响作用，员工感知到不公平会直接导致心理压力、离职率上升，破坏劳动工具，阻碍生产力发展，对组织的发展也有不利影响。

2.5 工作绩效

在管理学和组织行为学中，工作绩效是一个重要的研究变量，在国内、国外的研究中取得了丰富的成果。基于本书的研究模型主要考察任务绩效和周边绩效两个维度。

2.5.1 任务绩效和周边绩效

任务绩效与周边绩效是两个完全不同的概念（Borman & Motowidio，1997），两者的内涵、表现形式都有所不同。任务绩效通常和员工自身的工作熟练程度，掌握的知识、技能和经验有关；而周边绩效主要取决于员工的心理状态、个体认知、工作满意度。任务绩效和周边绩效的划分也得到了我国学界广泛的认可和研究支持。任务绩效是角色内行为（in-role behavior），被清晰地列在工作职责范围之中，周边绩效是角色外行为（ex-role behavior），在通常的工作职责范围中并没有明确列出。目前关于绩效的研究大多围绕任务绩效、周边绩效展开，本书也从这两个维度研究工作绩效。

任务绩效顾名思义与特定的任务有关，它是与工作任务中的生产性和技术性活动有直接的关系，对提高组织效率有显著的影响作用。其包括两类行为：其一是直接将原材料转化成组织生产所需的资源；其二是保证组织有效运行等一系列活动，主要表现为工作效率。而周边绩效对组织效率同等重要，虽然与特定任务无关，不直接创造生产力，但它与工作任务有间接相关的作用，可以为组织任务提供社会和心理的环境支持（Piece & Dunham，1987）。其包括五个方面：承担本职工作之外其他的任务活动；为推动任务成功完成付出极大的热情与投入；善于帮助别人且具有团队精神和主人翁的责任感；遵守组织的规则、条例、程序和制度；支持并且捍卫组织的目标的实现。周边绩效是员工的人际性和自主性活动，有助于组织工作的完成。周边绩效主要包括人际促进和工作奉献两个维度。人际促进指有助于组织目标实现的人际性行为，包括鼓励合作、关心他人、建立和改善关系等活动；工作奉献则指支持组织目标的自律行为，如工作努力、主动、遵守规章制度等。任务绩效与周边绩效的差异见表 2-6。

表 2-6 **任务绩效与周边绩效的差异**

维度	任务绩效	周边绩效
跨岗位表现	跨岗位表现差异大	跨岗位表现相对一致
自主性	自主或非自主决定，多由工作说明书规定	自主决定，不在自主正式奖惩系统内
角色要求	角色内绩效	角色外绩效对组织绩效等具有间接贡献
贡献直接性	对组织绩效、团队绩效、工作绩效等有直接作用	包括创造良好氛围、促进沟通、润滑人际关系、促进或催化工作任务的完成
导向	结果导向，主要看最后的成果	过程导向，主要看过程中的行为
影响因素	主要包括知识、技能等能力因素	主要包括责任意识、外向性等人格和动机因素

2.5.2 绩效的影响因素、结果和过程

影响绩效的因素可以分为内部因素和外部因素，内部因素主要与个体本人有关，而外部因素与环境和组织有关。内部因素包括员工技能、经验、知识、性格、执行力等；外部因素则包括组织环境、公司政策、绩效标准、运作流程、员工关系、组织氛围等因素。其中内部因素中的员工技能指员工为胜任组织的要求所具备的核心竞争力和能力，是内在的关键因素和决定因素。能力可以通过后天的人力资源管理实践中的培训和开发来提高（McClelland，1973）；外部环境包括政治环境、经济环境、文化环境等具有不可预测性和复杂性的因素，有时表现为组织所不能左右和完全控制的因素，是客观因素。激励效应是指组织为达成目标而采取的主动性、积极性的措施，以期待员工的行为和绩效的改善（Libby，1983）。

1. 影响绩效的因素

多种因素会影响绩效，其中影响因素之一是激励效用，它是最具有

主动性、能动性的因素，具有一定的刺激作用和引导作用。人的主动性、积极性提高就会表现为员工尽力争取内部资源的支持改善个体的绩效水平（Spencer，1993），同时由于组织的激励手段，培训开发的投放和运用，员工技能水平、胜任力将会得到不同程度的提高。因此绩效管理就是通过适当的激励机制激发人的主观能动性，提升员工的自我效能感，改善技能水平进而提升个人和组织绩效。

影响因素之二是动机观，动机观对组织绩效的影响源于心理学家（Games，1890；Freud，1895；McDougall，1908）的主要思想，这些心理学家的主要观点是行为的表现形式源于个体本能。但也存在一定的局限性，被以动力心理学所倡导的内驱力为基础的理论所取代（Woodworth，1918）。Skinner（1953）认为个体能够理解他们的行为和结果之间的关系，一些外在的不确定事件因素也会影响员工将来的行为。心理学家与管理学家关注的视角不一，心理学家集中于内驱力和本能论的理论探索，而管理者更多地集中于把动机理论运用于管理当中的实际问题。与绩效密切相关的是麦克利兰提出的胜任力概念（McClelland，1973），胜任力是能将某一工作中表现优异者与表现平平者区分开来，影响绩效的因素详见图 2-4。

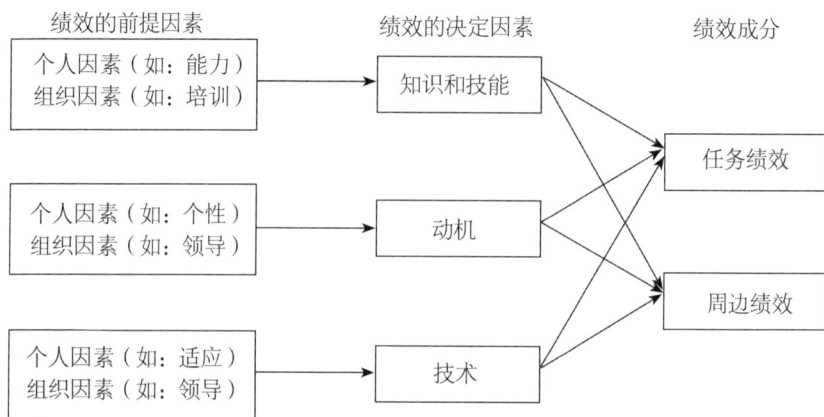

图 2-4　影响绩效的因素

资料来源　蔡永红，林崇德. 绩效评估研究的现状及其反思 [J]. 北京师范大学学报：人文社科版，2001（4）：60-68.

2. 绩效影响过程和结果

从管理学的理论和实践发展角度来看，组织绩效问题是非常重要而且困扰管理实践的一个难题，所以一直以来都被作为管理中的核心问题来进行研究。从管理发展脉络来看，科学管理时期侧重于经济政策激励、外部规则控制、量化标准实施；行为主义时期主要侧重于研究员工的心理活动规律、行为活动规律，人的心理和行为是密不可分的，心理活动是行为活动的内在依据，行为是心理活动的外在表现；系统论时期强调一体化的权变管理思想，从周围的环境获得系统所需要的资源，通过技术管理过程促进输入物转化，向环境提供产品和服务，来达到绩效目的。

另外，关于绩效水平的分析，可以从宏观层面和微观层面来考虑，微观层侧重于个体角度，宏观层面则从组织层面进行分析。微观层面关注个体绩效，宏观层面关注群体绩效水平。绩效影响过程汇总见表 2-7。

表 2-7 　　　　　　　　　　　**绩效影响过程汇总**

研究者	主要研究内容
Vroom(1964)	绩效=f(能力，激励)。其中，能力=技能×知识；激励=需求×激励
McClelland(1973)	行为品性和特质比潜能更能有效决定工作绩效
Korman(1977)	工作动机、知识和技能会影响工作绩效
Einhorn&Hogarth(1981)	在 Vroom 提出的绩效影响因素基础上强调了知识和环境的作用
Blomberg&Pringle(1982)	在 Vroom 绩效公式的基础上增加了机会这个变量
Libby(1983)	绩效=f（技能，激励，机会，环境）
Piece&Dunham(1987)	工作绩效影响因素包括：工作满意度、管理方式满意、工作行为、薪酬、上下级关系、组织承诺、员工关怀、职业生涯发展、努力结果期望
Waldman&Spangler(1989)	工作绩效影响因素：个人总体能力、组织激励、组织反馈、领导层、集体工作过程
Holland(1989)	工作绩效=f（能力，动机）
Campbell(1993)	绩效因素：个人知识、个人技能、动机
Robbins(1996)	绩效影响因素：个人、环境和工作性质，其中个人因素包括能力、价值观、态度、责任感
黄江伟（2002）	个人绩效影响因素：能力、性格、动机、价值观、态度、压力、工作条件、工作环境
夏东民，田晓明（2003）	工作绩效影响因素：能力、职责、环境

资料来源　聂中超. 知识型员工绩效影响因素及实证研究［D］. 北京：北京邮电大学，2010.

员工的内容型和过程型的动机观可以运用动机理论来分析和解读，两者对组织绩效的影响是不一样的（聂中超，2010）。同时可以帮助解释为什么在组织中会经常出现不良的工作态度、工作行为和工作绩效，主要原因在于员工的需求并未得到真正的满足，那么组织者和管理者应该通过奖励的设置、价值的重新评估、分配满足和激发员工的需求，来提升组织的绩效。另一种是过程型动机观，特别注重解释需要、奖励和行为之间的相互作用问题，侧重于员工行为的研究。行为影响因素的研究与勒温的群体动力行为的函数 B=f（P，E）有相似之处，其中 B（behavior）代表员工的行为，P（people）代表个体主观本身，E（environment）代表客观的环境，也就是员工的行为不但受到个体主观因素的影响，客观的环境对员工的行为也有影响，所以它是由主观和客观因素交互发生作用而成的。众所周知，组织是由许多独立个体组成的，组织绩效的最终体现通过个体来完成和实现，本质来说是个体绩效的综合体，因而绩效管理应以个体为中心进行管理和测评，以团队的形式容易出现"搭便车"的社会惰化现象。

尽管测评个人绩效对考量组织绩效有积极的作用和优势，可以起到激励员工、提升绩效的目的，但也显现出来很多不足和有缺陷的地方。全面质量管理专家 Deming（1986）指出，对个人绩效进行考核是不易操作的，因为在进行团队协作较强的群体任务活动时，很难鉴别和明确个人的贡献值、评估个人的价值，任务是团队共同努力和奋斗的结果，单独一个人是不好衡量的。但木桶原理或短板理论可以为我们提供另一种绩效观，该理论的核心思想是一个桶能盛多少水，是看最短的那块板，这块短板决定这个桶的总体容量，所以团队绩效和个人绩效的双重考虑是有必要的。关于绩效的详细影响结果，见表 2-8。

表 2-8 **绩效的影响结果**

研究者	内　容
Jurgensen，1978	绩效工资
Janssen，2001	分配公平性
Garden Pierce，1998	自尊心
Perrewe Ferris，1999	个体情感

续表

研究者	内　容
Podsakoff & Williams，1986	满意度
Staw，1994	具有积极情绪或情感的员工更容易获得社会和同事的支持，具有更高的绩效预期
Ciopanzano Wright，2001	能够积极、热情、乐观地感知工作中有利的方面，从而引发较高的工作热情和良好的业绩水平
Staw et al.，1994	积极的情绪导致较好的工作产出
George Brief，1986	积极的情绪与员工工作动机、组织公民行为直接相关

资料来源　作者根据相关资料整理。

2.5.3　绩效研究总结

由于目前关于组织绩效影响因素以及对其影响因素的层次和维度的研究有很多的观点、理论和实证分析，很难形成高度统一的认识。分析其中的原因，组织绩效所包含的内容十分广泛，而单纯把组织绩效的影响因素作为一个独立变量或一个简单层次来分析，很难真正揭示影响组织绩效的因素的内在原因，及其各因素之间的相互影响及相互关系，对实践的指导作用相应就会降低。关注群体绩效主要集中在数量和质量上（Chidambaram & Tung，2005）。如果人们保留自己的贡献，个体和群体的绩效就会大打折扣（Bennett & Naumann，2004），绩效主要关注时间、质量和成本（Brookes，Morton，Dainty & Burns，2006），个体在群体中时更倾向于关注信息交换、其他人的贡献，而不只是自己的贡献（Kerr，1983），个体在群体当中有时不能很好地测量他们的贡献度（George，1992；Liden，Wayne，Jaworski & Bennett，2004），因此贡献的公平测量就是对个体是否惰化和团体成功的重要保证。

以往关于组织绩效影响因素的研究，只从其中一两个层面的关系或一两个变量进行研究，有限的几个影响变量或组织中单一层面考察与组织绩效的关系。然而在实践中，这些变量相关程度是很高的，不可分裂开来，因此靠控制其中一些变量，而只研究其中少数几个变量与组织绩效的关系这种做法，很难得出可靠的结论。所以，如何构建一个综合、全面、系统的模型结构，深入地研究员工绩效与组织绩效两者之间的关系，并尽可能多地考虑各种因素对他们的影响，将是非常有价值贡献的一项工作。绩效的研究者及研究发现见表 2-9。

表 2-9 绩效的研究者及研究发现

研究者	研究内容
Borman	通过对美国士兵的研究，运用演绎法对组织公民行为理论、亲社会行为理论进行总结，提出工作绩效包含的两个维度——任务绩效和关系绩效。最后的结论为在职场当中一般领导和员工较为重视与工作直接相关的任务绩效，而对与任务绩效有支持和协助的关系绩效则被组织所忽视
Van	将关系绩效细分为两个维度，包括人际促进(interpersonal facilitation)和工作奉献（job dedication）。其中，人际促进是人际关系的倾向性行为，这些行为对提高员工士气、增强凝聚力、鼓励协作以及对提升任务绩效有着重要的帮助，并对组织目标的实现起着至关重要的作用。工作奉献集中表现为员工的主人翁意识、组织公民行为、员工的自律。关系绩效主要包括人际技能、维持良好的工作关系以及帮助他人完成作业的动机和行为
Schmit	提出了任务绩效和关系绩效的理论模型。任务绩效包括对任务精通和有效完成任务的动机以及行为表现。关系绩效分为五个维度，包括主动承担不属于自己本职工作的分外的工作任务；以极大的热情对待工作；喜欢帮助别人和与同事合作；对组织的规章制度能够严格执行；为顺利完成组织的目标而努力。他们还提出任务绩效和关系绩效的影响因素，任务绩效的影响因素为任务知识、任务技能和任务习惯；关系绩效的影响因素为关系知识、关系技能和关系习惯
Coleman	将27种关系绩效行为通过聚类分析整合为一个三维的绩效模型，基于组织公民行为和亲社会组织行为的相似性，提出关系绩效三维度——人际公民绩效、组织公民绩效、工作任务责任绩效。这一三维模型的提出对关系绩效的构成因素的研究有着深远的影响，但这一模型的不足之处是缺乏对知识、技能和学习绩效详细的阐述

续表

研究者	研究内容
孙健敏，焦长泉	对管理者工作的绩效进行了探索性分析，提出了管理者工作任务绩效、个体特质绩效和人际绩效工作绩效三维模型。其中管理者的个人特质绩效和人际绩效更加接近 Borman Motowidlo 所提出的关系绩效，该研究对任务绩效和关系绩效又进行了明确划分，所提出的管理者绩效模型在一定程度上证实并细分了 Borman Motowidlo 等人的研究。该研究丰富了管理者工作绩效维度，提出了创新、树立威信、授权等因素，并得出了以往研究所没有涵盖的管理者绩效维度
杨杰，方俐洛，凌文诠	认为绩效是一个多维的概念，是时间、方式和结果的统一体，提出了绩效评价的三类指标——特质评价指标、行为评价指标和结果评价指标，并将绩效定义为"某个体或组织在某个时间范围内以某种方式实行的某种结果"
韩翼，廖建桥	提出并证明了工作绩效的四维结构模型，即任务绩效、关系绩效、学习绩效、创新绩效
陈智霞	列举了任务绩效和关系绩效的四个本质区别：任务绩效强调任务执行的熟练程度以及直接或间接服务的特定任务；而关系绩效强调主动性和积极性，主要是对组织既定任务、社会及心理环境提供支持和服务。因不同的工作和任务特征所表现出来的任务绩效会有很大的不同，然而对于所有的工作来说，其关系绩效行为可能很相近，需要坚持、互助、合作、遵守、对目标的认同；任务绩效与关系绩效的源泉是不一样的，任务绩效与员工的知识、技巧和能力密切相关，主要来源于从事某项工作和任务的熟练性及掌握程度，而关系绩效与员工的个性特征紧密相关，源于个体本身的自愿性、主动性、态度、人格等；任务绩效活动是本职工作的一部分，一般来说是被明确指定的，员工通过自己的付出才可以得到相应的报酬，而关系绩效则是本职工作之外的部分，属于组织公民行为
王辉，李晓轩，罗胜强	采用验证性因素分析（CFA）程序，对任务绩效和情景绩效二因素模型进行了研究验证，系统比较整体绩效模型和二因素绩效模型之间的区别，即包含任务绩效和关系绩效这两个潜在变量的模型拟合程度。如果第一个模型拟合度好，说明任务绩效与关系绩效相关程度高，它们可以是一体的，不能区分开来；反之，如果第二个模型拟合度较好，则说明任务绩效与关系绩效是有差别的，可以区分开来，即绩效的二因素模型成立

资料来源　作者根据相关资料整理。

2.6 本章小结

本章主要对研究中出现的自变量、因变量、中介变量、调节变量，包括任务的可视性、任务的依存性；贡献模糊、责任扩散、去个性化；社会惰化；分配公平、程序公平；任务绩效、周边绩效进行了详细的文献回顾和评述，每个变量分别从概念、测量、影响因素等进行了梳理和总结。

第3章 理论与假设

本章首先基于相关理论、前人的研究成果及对现实的思考，推导出本书的所有研究假设；然后，在此基础上提出了本书的研究模型，并说明变量之间的关系；最后，对全章的内容进行简要的总结。

3.1 研究的理论基础

3.1.1 社会影响理论

社会影响理论（Social Impact Theory，SIT）从两个理论维度解释社会惰化，其一为结果混淆，即个体淹没在群体中；其二为直接作用，即个体感受到在群体中会受到他人的影响。

社会影响理论（Latane，1981）将个体视为社会影响力的来源或目标。例如，实验者或其他权威人物可以构成影响力的来源，团队成员则是影响力的目标。社会影响力由影响力来源和目标之间的强度、接近性（immediacy）和数量决定。当所有的社会影响源对准单一目标的时候，它的强度就会增大许多。反之，当所有的社会影响源分散到许多目标的时候（Harkins & Petty，1982），它的强度相对就会被削弱。那么，影响源的强度会受到哪些因素所影响呢？第一，地位，影响源的位阶越大，它的影响力也越大；第二，能力，影响源的能力越强，它的影响力也越大；第三，和目标个人的关系，影响源与目标对象的关系越亲近，它的影响力也就越大。如果在社会影响力理论中加入基于驱动力（drive-based）的要素或许能够更好地解释惰化行为（Kerr & Bruun，1983；Williams，Harkins & Latane，1981）。

Latane 等人提出社会影响力理论时，推断随着影响力目标来源比率的上升，个体的可识别性（identification）会降低，个体减少努力的概率会增加，于是就有了所谓的社会惰化。随着影响力目标数量的增加，团队的责任水平会发生分散，新增的目标吸收了累积的责任。社会影响力理论的主要贡献是能够预测团队规模对个体努力的影响。

3.1.2 资源保存理论

Hobfoll 提出资源保存理论（Conservation of Resource Theory），模型从资源的损失和收益角度解释压力及耗竭过程，他认为个体努力获得、保留和维持所珍惜的资源（这些资源包括时间、金钱、社会支持、工作自主和回报、心理幸福感、乐观、自尊）。当工作要求出现或增多，就会出现资源损失或者资源投入回报失衡，个体会感觉被威胁或者无法良好地适应，导致保存自己的资源。资源保存理论（Hobfoll，1989，1998）提供了一个非常有用的研究社会惰化结果的框架，在工作中的努力付出会损耗员工身体、情感和心理资源（Reptti，1993；Beehr，1995；Sonnentag，2003）以及行为反应（Gilbreath & Monteino，2006；Brown & Benson，2005），社会惰化的存在会导致员工减少努力的支出（Steel，2007）。

资源保存理论提出了外部环境威胁（Hobfoll，1989），这些外部环境资源超出个体自身的资源时，外部环境资源就会消耗掉个体的内部资源（Baruch & Barnet，1986；Mirowsky & Ross，1989；Rushing & Schwabe，1995），这样个体会下意识地保存自己的资源（Hobfoll，Freedy，Lane & Geller，1990）。通过 Hobfoll（1989）的说明，有四种基本的资源类型：客观自然资源（如汽车、设备）、工作条件（如工作的稳定性）、个体的性格特征（如高自尊）、个体的资源（如金钱、体力）。为此，Hobfoll 指出社会支持的关键角色，进一步阐明个体会有保留自己资源的意识（Hobfoll，Freedy，Lane & Geller，1990），有时个体没有保留自己的资源是基于对工作的成就感和感情的投入（Hobfoll & Stokes，1988）。通过对资源保存理论的分析，社会支持有益于将个体的资源释放。Hobfoll 强调在组织中的个体会得到社会的支持（Hobfoll，1990），个体往往会将自身精力、体力储存起来以应对突发的需要投入精力的事件，因此个体不会将所有精力投入到组织的全部需求之中，从而使自己的资源有所保留。

通过对资源保存理论的分析，个体有保留资源的意识来应对客观环境的变化和解决困难问题（Greenhaus & Powell，2006），个体一般会平衡外在环境需求与个人心理资源需求的关系（Lazarus，1999）。它不仅维护了在心理、生理能力上相对较弱成员的个体身心健康，而且使个体能将保存起来的资源投入到组织将来的工作中（吴昊，2010），实质是一种资源投入的滞后而非缺失。

资源保存理论明确提出个体有对资源的获取、资源的保持、资源的利用的心理动机，有节约自己资源和成本的意识，这样就为社会惰化的发生提供了必要条件。个体资源的投入有工作的需求，包括绩效的需求，这可能需要组织给员工提供行政、财政、社会支持（Hobfoll & Shirom，2000），因为员工有投入有限资源来获取组织额外资源的心理的动机（Halbesleben，Harvey & Bolinlo，2009）。

资源保存理论的主要应用是来预测员工的心理压力、感情投入、行为表现，员工通常会通过获取外部资源来实现组织目标，以避免资源的损失（Fox & Spector，2006；Krischer，Penney & Hunter，2010；Penney & Spector，2007），但个体的一种先天资源保存意识（Greenhaus & Powell，2006）会导致自己的绩效产出下降。

3.1.3 群体努力模型

群体努力模型（Collective Effort Model，CEM）源自于早期有关工作激励的期望-价值模型（Vroom，1964）。把期望-价值模型和自我评估过程结合起来，提出了群体努力模型（Karau & Williams, 1993）。他们认为，期望-价值模型有助于识别最有可能对个体的动力形成威胁的因素，而自我评价理论则有助于确认哪些结果会得到个体的重视。简而言之，该模型认为个体只有在认为自己付出的努力有助于取得个人认为有价值的结果时，才愿意付出相应的努力。当团队的业绩或成果并不重要、没有意义或者无法令个人产生内心的满足感，个体就不可能努力工作。此外，即使个体认为团队的业绩非常有价值，但是如果他认为自己的工作不会对此产生太大影响的话，也不可能努力工作。

  CEM 的主要内容，如图 3-1 群体努力模型所示。图 3-1 中上面两行描述了传统期望-价值模型中与协作（coactive）任务相关的心理状态和绩效流程（performance contingencies），最下面一行描述了与集体绩效相关的附加的绩效流程，被虚线框起来的部分显示了与团队中自我评价相关的诸要素。垂直的箭头显示了协作绩效和集体绩效的一般流程，表明这些事件如何演化成相应的心理状态。

  在愿意对集体性任务投入努力之前，个体必须能够感知到一系列因素。个人付出的努力必须与个人的绩效相联系，而后者又必须与团队的绩效联系起来。团队的绩效必须能够产生有利的结果，而这个结果还必须对个人有利才行，最后还需要个人对这个结果的认可。如果个人认为任务和绩效违背上述关系，那么他们不可能认为自己的努力有什么用，也不可能努力完成任务。类似地，当结果得不到别人的认可时，即使个人的努力和结果直接相关，他们也不会努力工作。相关团队的结果包括外部报酬、对团队的评价以及团队的凝聚力等。相关的个人结果包括内部的和外部的报酬、归属感或团队的吸引力以及与自我评价有关的信息等。那么个人认为有价值的结果是什么呢？CEM 认为，结果的价值取决于一系列因素，包括对任务意义的认识、相关的报酬、该任务对个人与团队的重要性、个人对集体成果重要性的偏好（这种偏好又取决于个人的性格、文化、性别等因素）以及个人对自身评价的关注程度。因此，结果的价值既受客观结果（如报酬）也受主观结果（如快乐、满意以及与团队之间的亲密感）的影响。

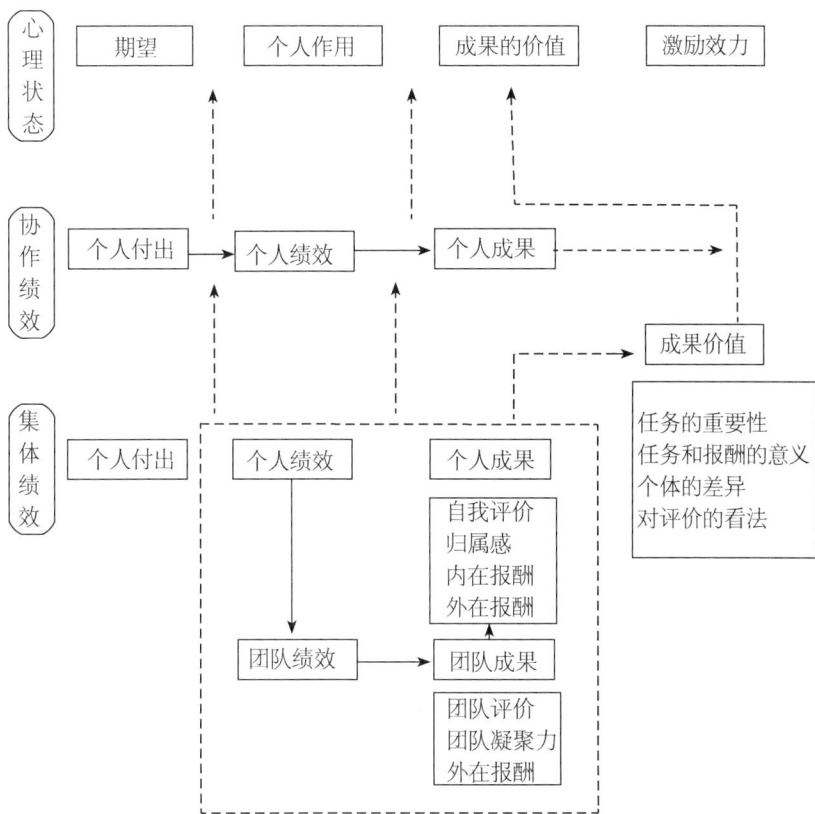

图 3-1 群体努力模型示意图

资料来源 KARAU S J, WILLIAMS K D. The effects of group cohesiveness on social loafing and social compensation [J]. Group Dynamics: Theory, Research, and Practice, 1997, 1 (2): 156-168.

然而，就客观结果而言，是个人对结果的评价而不是结果本身决定了其价值。就主观结果而言，由于人类是社会性动物，通常倾向于作出对自己有利的评价，因此如果集体协作能够提供对自我评价有用的信息，就能对个人产生更大的激励。事实上，社会认同理论以及社会比较理论的研究表明个人的自我认同（self-indentity）会受到其所属团队的成绩与活动的强烈影响。

CEM 对社会惰化的意义表现为：首先，该模型指出集体工作情形下非常容易产生社会惰化现象，因为与单独作业相比，个人的结果取决于个人的努力的程度通常比较低。其次，CEM 表明在集体性的工作中，如果个人认为自己的努力有助于取得有价值的结果，他们会更为努力地工作。因此，在下面这些情况下社会惰化将会减少：（1）个人相信集体的绩效可以被实验者、同事、自己或他人加以衡量；（2）个人在较小的团队而不是较大的团队中工作；（3）个人认为自己对集体的贡献是独一无二的，与团队中其他成员不重复；（4）有一个可以据此比较团队绩效的标准；（5）个人对团队的任务感兴趣，认为对自己有意义，或者认为对他们的参照团队或其他有价值的人比较重要；（6）与令人敬重的人共事，或者能够激发显著的团队认同感；（7）预计同事的表现会比较差；（8）有看重有利的团队成果的倾向。

3.2　研究的不同视角

3.2.1　心理学角度

在群体中人们倾向于从众心理，喜欢与大多数人保持一样，如果大家都不努力，努力的人往往被认为是出风头，有一种鹤立鸡群的感觉，会被同伴认为在领导面前邀功，将会被排斥到群体之外，即所谓"木秀于林，风必摧之"。表现积极者，往往会使同伴对其有其他层面的解读，故使一些人产生了随大流、消极怠工的心理倾向。当看到别人在偷懒时，加入其中也就不难理解了。在平均主义环境下生存，人们就会主动控制自己的努力程度（Smith，Smith，Olian，1994）。在个体单独工作的情况下，工作是硬性的，没有可替代者，人们只能尽力亲自为之，而在群体合作时，人们总会有这样一种心理，事情成功，我有一份；事情失败，是大家的事，不仅是我一人的事，个人的责任会转嫁到整个群体上面。全体成员共同完成一份工作，个体可以借助群体来回避这种情况，降低努力程度或由群体其他成员来完成工作，导致社会惰化的产生。

3.2.2　经济学角度

从经济学投入产出比角度来分析，一个人的努力程度，会与他所得到的作比较。如果得到小于他的付出，以后他的付出就会递减。个体失去努力工作动力的一个原因可以解释为物质需求得不到满足，反过来引起社会惰化产生。亚当·斯密在《国富论》中首先提出经济人的概念，把人类的物质追求上升到更具体和有针对性的层次，他认为每个人都有自利的一面，并且能够通过计算去选择对自己最有利、可获得最大效益的行为。那么当在群体工作时，个体纷纷减少自己的努力，使付出与得到达到一个相对平衡（Rowold & Heinitz，2007），绝大部分是因为个人会认识到群体方式下可以通过偷懒获得同样的报酬，或者付出更多的努力得到的报酬却是一样的。物质是人类追求最本质的表现，组织中如果忽视个人利益，过分强调群体利益，则会使个体的付出与所得不相符、不对等，就会引发不满足，进而惰化现象就会产生。

3.2.3 管理学角度

一个组织制度完善与否，直接影响着组织效率（Robert，Dennis & Hung，2009）。群体成员对制度的理解和执行，总是从刚开始的谨慎、敏感、遵从到自由、随意、熟视无睹的方向发展，长此以来，效用就会降低，其中原因是制度超过了人的紧张期限。好的制度，能使懒人变得勤劳；坏的制度，会使勤快人变得懒惰。人们的行为发生改变会受到制度作用的影响，如果群体中的制度僵化、刻板，那么会使制度失去了对个体行为的约束和规范作用，在监督效力渐渐弱化的条件下，个体就会减少自己的努力，纵容惰化的蔓延（孙利虎，2010）。另外，在组织管理中，领导者必须提供明确清晰的标准、激励措施来衡量个人努力程度，整个群体的工作成绩和每个个体的工作成绩都要明确公布，这样大家都感到自己的工作是可评价和被监控的，那么个体偷懒的意识将会降低，工作行为就会增强。

3.2.4 社会学角度

按照人群关系说理论，人们最重视在工作中与周围的人友好相处，建立良好的人际关系是调动人的生产积极性的重要因素。这种想法在梅奥的霍桑实验中也明确提出，在群体活动，过分考虑工作要求的各项技能、自身的职业成就，却忽略了人群关系、员工满足感，会导致本末倒置，难以调动起个体的积极性。而实行参与式的以员工为中心的领导方式，则更多依靠员工自我指挥和自我控制，从而达到员工自我管理（Scher，S.，& Ferrari，J. R.，2000），由"要我干"变成"我要干"，积极性会极大提升。另外，管理者往往采用专制式的领导风格，以任务为导向，按照密歇根大学管理方格理论，如果重视结构维度导向，忽视关怀维度，就不能使员工从心理上服从管理。管理者如果不能及时察觉到个体的不满情绪和懈怠行为，缺乏一定的对个体管理的敏感性，也会在很大程度上滋生个体惰化行为。

3.3 研究假设

3.3.1 任务依存性与社会惰化关系

研究者运用任务的依存性来发展理论，他们发展理论的依据是组织中任务依存性的存在（Kahn，Wolfe，Quinn，Snoek & Rosenthal，1964），另一个假设是任务依存性中工作流会由一项任务流到另一项任务，任务依存性高时一个人将直接影响到另一个人。

任务的依存性与潜在的工作动机有关（Thompson，1967），如果任务的依存性增加，将降低工作的自主性，进而直接影响个体动机和工作满意度。Trist 和 Bamforth 研究发现，当任务依存性高时，员工拒绝对产量负责，容易形成低生产率，不能充分发挥效用，个人的成就很难区分出来（Manz & Angle，1986）。

个体感知到任务依存性低时，他们对工作完成的成就感变强（Manz & Angle，1986），同时会减少交易成本，个体会有强烈的动机，尽自身的最大努力完成他的本职工作（Jones，1984；Williamson，1975），因为这时责任没有分摊，贡献也好鉴定。基于以上的考虑，任务的依存性与社会惰化正相关（Harkins & Petty，1982；Weldon & Gargano，1988；Williams et al.，1981），任务的依存性越低（可识别性越高），社会惰化越少。反之，任务的可识别性越低，越容易出现社会惰化，基于以上分析，由此提出假设 1：

假设 1：任务的依存性与社会惰化呈正相关关系。

3.3.2 任务可视性与社会惰化关系

如果每个人都承担责任，那么责任会被监视，也就没有人逃避责任
了（Bandura, A.; Barbaranelli, C.; Caprara, G. & Pastorelli, 1996）。
因为当任务的可视性低时，对绩效表现的产出预期也会降低，个体就会
失去努力的动机，是缘于他们的努力不会被看到（George, 1992）。

认知到任务的可视性是指个体相信主管能够看到他们的工作和努力
付出，当任务的可视性低时，员工认为主管很难监控他们的工作
（Schwartz, S. H. & Clausen, 1970），无论他们付出再多的努力，主管
也不会发现，这时社会惰化就会出现，因此与社会惰化负相关。相反，
如果任务的可视性是高的，员工相信主管会关注他们的努力水平，因此
尽可能地减少惰化。基于以上分析，本书提出假设 2：

假设 2：任务的可视性与社会惰化呈负相关关系。

3.3.3 个体认知对任务依存性和社会惰化的中介作用

依据心理学的文献介绍，社会惰化被认为是与个体、群体、组织有
消极影响的社会疾病（Lantne, Williams & Harkins, 1979）。可能是由
于这种消极影响的偏见，几乎所有对社会惰化的研究都集中在组织中消
除或减少产生这种现象的环境（Karau & Williams, 1993）。进化心理学
家 David Buss（1990）首次提出这样的疑问："为什么人类有面对惰化
的心理机制？"

从另外一种角度考虑（团队层面），我们可以得出，任务的依存性
越高，团队当中的成员可能注意到有的成员有偷懒现象，而且这种行为
表现会或多或少影响到团队当中的其他人，当一些人在完成任务时存在
惰化，另一些人也有从众效应（Murphy, Wayne, Liden & Erdogan,
2003）。总之，任务的依存性越高，团队成员出现惰化的行为越普遍。

关于社会惰化有不同的理论视角，期望理论（Karau & Williams,
1995）的解释是如果员工努力工作会得到应有报酬，个体对未来收益成

果有一种预期，因此就会减少惰化（Bennett & Naumann，2004）；社会影响理论（Chidambaram & Tung，2005）说明个体会受到社会其他资源或目标的影响（Karau & Williams，1995）；社会交换理论阐释了个体在行为、情感、产量、沟通方面通过心理作用机制互相影响（Blau，1964；Homans，1961），同时该理论也明确指出了人类的行为会受到个体认知的作用（Blsu，1964）。

个体认知主要表现在以下几个方面：对参与者的有效评估和贡献识别（Willams，Harkins & Latane，1981），主管评价团队当中的员工的表现（Brewer，1995；Harkins & Szymanski，1988，1989；Szymanski & Harkins，1993），任务的难度（Harkins & Petty，1982；Jackson & Williams，1985），期望同伴的表现（Williams & Karau，1991）。

Reicher & Levine（1994a，1994b）表明低的个体识别将会导致群体中社会识别难度增加，在这种环境下会影响员工的非正常表现行为（Postmes & Spears，1998）。

责任扩散就是个体认知到工作结果的好坏会转移到其他人身上（Latane，B. & Darley，1970），责任扩散削弱了个体的自我行为表现力，通过这种心理机制，个体感知到自己的责任变小。贡献模糊认为个体成员不会为他没有努力工作而感到自责，团队成员也会相信其他成员也没有贡献自己的价值（Bandura，A.；Barbaranelli，C.；Caprara，G. & Pastorelli，1996）。

去个性化的人通常对工作感觉到没有兴趣和热情，个人对待工作和对待机器一样没有热情，表现得很冷漠（Barnard，2001）。通过研究样本和任务设置，惰化表现为对任务的能量最小支出（Ferrari，Johnson & McCown，1995；Karau & Williams，1993）。

因此责任扩散、贡献模糊、去个性化将会对工作任务和社会惰化有影响，如果责任没有包产到户、贡献不明、个体的冷漠（去个性化的存在），再加上任务之间互相关联、不太独立，社会惰化将会更加严重。试想这样的场景，当你在辛苦工作时，别人却在偷懒，那么你肯定也会减少工作量来重建公平感。Latane认为出现社会惰化的原因可能有三个：第一，社会评价作用，在群体作业中个体的工作是不记名和不被单独测量，因为测量的是团队的绩效和产出，个体对工作的投入和努力就会相应降低，对自己的行为负责程度也会削弱。第二，社会认知作用，群体中的个体会有这样的假设，个体认为其他成员没有尽到自己的努力，有偷懒的可能性，基于此，他也会降低自己的努力和团队其他成员保持一致。第三，社会作用力作用，在群体中工作，每个人之间会相互影响、相互作用、在业务流程上需要协作，面对同一任务的压力，由于多人共同承担，责任被分散，个体付出的努力和尽职程度也会随之降低，就为社会惰化的出现提供了可能性。基于以上分析，本书提以下假设：

假设 1a：责任扩散对任务依存性和社会惰化起中介作用；

假设 1b：贡献模糊对任务依存性和社会惰化起中介作用；

假设 1c：去个性化对任务依存性和社会惰化起中介作用。

3.3.4　个体认知对任务可视性和社会惰化的中介作用

任务的可视性影响员工的工作动机和工作表现，当个体的产出和贡献不能被很好地识别、任务很难区分时，个体就不会尽力完成工作任务。首先，个体的贡献和最后的产出，如果不能够被很好地区别和检查，个体就会对产量不再那么关注和在意了，因为他不会因为产量的增加而被主管评估和认可；相反，低的绩效表现也不容易被主管区分（Lawer，1971），个体就没有动机去提升绩效，社会惰化就会出现。

如果任务的可视性低，群体成员就会认为存在低的个体评估，那么就会表现为减少自己的责任（Cochrane，Hogg & Turner，1990；Karau & Williams，1993；Prentice-Dunn & Roger，1989；Sanna，1992）。个体内在认知动机低的原因是可能感知到个体努力得到结果的不确定性（Jones，1984），也就是高水平的努力得不到奖励和低水平的努力不会受到处罚（Jones，1984）。内在的动机是一个很重要的因素（Lawer，1971），员工的内在动机与他们所做的工作直接相联（Hackman & Oldham，1980），内在动机高就会减少社会惰化，有更高的工作投入（Harkins & Petty，1982；Brickner，Harkins & Ostrom，1986）。

缺乏反馈和贡献识别，也就是贡献模糊将会导致惰化（Harkins，

Latané & Williams，1980；Harkins & Petty，1982；Ingham et al.，1974；Kerr & Bruun，1981；Sorkin，Hays & West，2001）。感知到同伴的惰化，责任被大家分摊，其他人对团队工作没有尽力将会影响他本身的努力水平（Campion，Medsker & Higgs，1993；Campion，Papper & Medsker，1996）。去个性化表现为当个体不能感知到其他个体有相同的价值时，他的认知水平会发生变化，认为其他人也会对工作不感兴趣，而且对待工作只是机械地工作，没有情感色彩（Haslam，2006）。

责任分散是与他人共同工作时，个人的责任感下降，将工作推给别人去做，责任分散的原因是群体的责任压力在群体中分散开来，落到每一个人身上的责任减少。因此，个人没有什么责任压力，而且互相依赖，所以产生推诿。我们看到人越多，责任分散得越厉害，个人的责任感越低，而减少人数会增强责任感。为了避免这种减少贡献，提升组织和群体的产量，最重要的因素是对贡献的确认（Comer，1995）。责任扩散表现为责任发生转移到他人的认知过程（Latane，B. & Darley，1970），责任扩散削弱了个体的自我控制和自我努力对团队的贡献，这种心理学的解释机制认为个体承担更少的责任，因为其他人也在做相同的工作（Schwartz，S. H. & Clausen，1989），这种认知过程将会中介任务的可视性与社会惰化的关系。基于以上分析，本书提出以下假设：

假设 2a：责任扩散对任务可视性和社会惰化起中介作用；

假设 2b：贡献模糊对任务可视性和社会惰化起中介作用；

假设 2c：去个性化对任务可视性和社会惰化起中介作用。

3.3.5　社会惰化与工作绩效关系

正如 Viswesvaran & Ones（2000）研究检验工作绩效不同维度的关系时，指出社会惰化会出现的异常行为，如浪费公司材料、抑制努力、故意放慢工作速度等（Skarlicki & Folger，1997）。在相关分析中，社会惰化从组织公民行为中分离出来，调查组织公民行为与社会惰化，便于很好地判断工作绩效。在群体当中，社会惰化的影响结果可能是个体的绩效不能被识别、协作不畅导致绩效的降低（George，1996；Latane，Williams & Harkins，1979）。

　　巴纳德（Barnard，1938）在《经理人员的职能》一书中就指出了组织中协作意愿不足的问题普遍存在，个体大多从个人能力的有限性出发，论证了协作的客观必要性。他指出协作是一个社会系统，协作的产生是由于个人需要实现他在生理和心理上无法单独达到的目标。信息交流、协作意愿和共同目标是组织生存和发展的最基本的必要条件，这三者之间关系从系统论的角度是相辅相成、环环相扣的，如果信息交流有障碍就不可能达成共识，那么也就难以达成共同的目标，进而大家为共同的目标作贡献的意愿和行为降低，也就无所谓协同。基于此分析，协作意愿之所以发展不起来，就是因为人们不知道如何作贡献，也不明白作完贡献后，自己会获得多大的满足，以及是否会在绩效评估中体现出来。那么由巴纳德的理论体系可以引申出组织的两个基本命题：一是如何持续有效地调动人的积极性和主动性使其愿意为组织作贡献；二是如何有效调动人的积极性实现组织目标，使团队中的个体增强协作意愿，使惰化行为得到抑制，提升角色内的任务绩效和角色外的周边绩效。

　　从绩效的角度来分析，任务绩效是角色内行为（Katz & Kahn，1978），周边绩效是角色外行为，任务绩效是本职工作，周边绩效是与工作相关的行为。任务绩效由于与工作本身直接相关，社会惰化对它的影响是显而易见的。主要分析周边绩效，周边绩效更多的是关联到组织公民行为（Organ，1988）、亲社会组织行为（Brief & Motouidlo，1986）和组织自发（George & Brie，1992）中的帮助和合作等基本因素。因此利他人行为、利组织行为和利工作行为是周边绩效的核心内容，如果处理好周边绩效则会对组织绩效产生积极作用，营造良好的组织氛围。由此可见，社会惰化会影响组织氛围，进而影响周边绩效。基于以上分析，本书提出以下假设：

　　假设 3：社会惰化与任务绩效呈负相关关系；

　　假设 4：社会惰化与周边绩效呈负相关关系。

3.3.6　分配公平对社会惰化和绩效的调节作用

　　分配公平是感知到从组织中得到的回报和报酬的公平性，当人们觉得利益与投入不对等时，可能就会抑制自己的努力（Murphy et al.，

2003），因此分配的公平与员工的惰化行为是呈负相关关系（Liden et al.，2004），所以公平对于团队成员的行为和绩效是至关重要的（Lin，2007；Pearce，Branyiczki & Bakacsi，1994；Saunders & Thornhill，2004）。分配公平在经济学里是一个主要研究分配公平的路径和有效工资假说，个体抑制或减少自己的努力是为防止受到不公正的待遇（Lazear，1979；Lazear & Rosen，1981）。

首先，缺乏分配公平，员工会感知到不公平、投入收入不对等，且会与其他人比较，进而产生抱怨和不信任组织和合作者（Saunders & Thornhill，2004）。其次，分配公平是指对收入配置和发放的公平性，个体感知到的过程公平会影响绩效产出，进而影响对工作任务的努力水平（Karau & Williams，1993）。

个体之所以会投入他们的时间和精力这两大重要资源，为的是把投入的资源转化为奖励资源，比如权力和金钱（Hobfoll，1989），当时间和精力有所保留时，预示着就会惰化，他们将投入其他事务当中去。因此通过分配公平可以改善绩效，需要明确最大化的努力和最好的绩效标准（Sackett et al.，1988）。从另一方面来讲，如果社会补偿高，个体会调动资源完成特定任务，惰化将会通过补偿稀释，从而团体成员对任务尽到责任（Bolino & Trunley，2005）。在群体中会有这样的现象，通过有效协作增强团体动力绩效（Lissaman & Schollenberger，1970；Alexander，2004），惰化在群体当中就会减少（Kerr & Bruun，1983）。

感知到有惰化的同伙存在，感知到分配不公平就会降低工作满意度、降低任务绩效和周边绩效（Mulver & Klein，1998）。除此之外，感知到惰化会降低群体成员的团队绩效，因为员工相信他们的同伴惰化，因此会减少自己对团队的贡献（Comer，1995；Schnake，1991）。基于以上的分析，本书提出以下假设：

假设 3a：分配公平调节了社会惰化对任务绩效的影响作用；

假设 3b：分配公平调节了社会惰化对周边绩效的影响作用。

3.3.7 程序公平对社会惰化和绩效的调节作用

程序公平最早出现在法律程序中，由 Thihaut & Walker（1975）提出，它关注的是法律诉讼过程的控制和诉讼结果的决策控制，指决策时使用的手段和程序的公平性。Leventhal（1980）等人将程序公平的理论用于组织情境，进而提出了程序公平的六条原则：一致性、准确性、代表性、无偏向性、可修正性和道德性。Bies & Moag（1986）从关注工作场合人们在程序执行过程中所受到的人际对待公平感来考虑程序公平。然而程序公平是指人事决策的过程或政策的公平性，比如决定分配的系统（Thibaut & Walker，1975）。

程序公平会涉及组织决策、组织氛围、员工感知等方面。如果程序不公平，会给员工带来感情伤害和工作的不信任（Lin，2007；Pearce et al.，1994）。个体感知到的程序公平会影响绩效产出，进而影响个体的行为和个体对任务的努力程度（Karau & Williams，1993）。程序公平与社会惰化的关系与程序公平和工作满意度有关（Colquitt，Conlon，Wesson，Porter & Ng，2001）。

基于社会惰化对工作实践有消极的影响，目前的实证研究在弱化惰化这种趋势，企图尝试效率的最大化。员工愿意为老板努力工作需要得到老板的认可（Gilbreath & Montesina，2006），这种情况就有可能最大化绩效（Sackett，Zedeck & Fogli，1988），考虑到绩效和社会惰化之间的相互作用，将影响员工的行为和执行力（Klene & Anderson，2007）。研究显示群体成员对社会惰化的典型反映是社会惰化与社会补偿，部分与工作是否有意义有关（Williams & Karau，1991；Karau & Williams，1993），社会补偿可以增加个体在完成群体任务时的努力程度，进而减少在群体成员中的低绩效（Karau & Williams，1997）。

个体在群体当中共同工作时，他们可能怀疑和不相信群体当中的其他同伴会尽到他们的义务，而且个体在群体中的贡献有时不能公平地判断，这时努力的程度就会通过心理认知机制的公平影响倾向于惰化行为（George，1992）。如果程序分配不公平，那么就会表现出个体减少努力的支出的任务绩效（Steel，2007），以及降低对社会和组织环境的支持的周边绩效（Borman & Motowidlo，1993）。基于以上分析，本书提出如下假设：

假设4a：程序公平调节了社会惰化对任务绩效的影响作用；

假设 4b：程序公平调节了社会惰化对周边绩效的影响作用。

3.4 本章小结

本章内容主要分为以下部分：第一部分提出了本研究的理论基础，分别从社会影响理论、资源保存理论、群体努力模型、公平理论和期望理论角度分析社会惰化；第二部分从心理学、社会学、管理学，经济学四种角度来进行阐释；第三部分针对以上理论框架，提出本研究的十四个假设，研究假设汇总见表3-1。

表 3-1　　　　　　　　　　　研究假设汇总

研究	研究内容	研究假设
研究一		假设1：任务依存性与社会惰化呈正相关关系
研究一	工作任务与社会惰化	假设2：任务可视性与社会惰化呈负相关关系
研究一		假设1a：责任扩散对任务依存性和社会惰化起中介作用
研究一	个体认知与任务依存性及社会惰化	假设1b：贡献模糊对任务依存性和社会惰化起中介作用
研究一		假设1c：去个性化对任务依存性和社会惰化起中介作用
研究一		假设2a：责任扩散对任务可视性和社会惰化起中介作用
研究一	个体认知与任务可视性及社会惰化	假设2b：贡献模糊对任务可视性和社会惰化起中介作用
研究一		假设2c：去个性化对任务可视性和社会惰化起中介作用
研究二	社会惰化与绩效	假设3：社会惰化与任务绩效呈负相关关系
研究二		假设4：社会惰化与周边绩效呈负相关关系
研究二	分配公平与社会惰化及绩效	假设3a：分配公平调节了社会惰化对任务绩效的影响作用
研究二		假设3b：分配公平调节了社会惰化对周边绩效的影响作用
研究二	程序公平与社会惰化及绩效	假设4a：程序公平调节了社会惰化对任务绩效的影响作用
研究二		假设4b：程序公平调节了社会惰化对周边绩效的影响作用

第4章 研究设计

本章主要介绍研究的总体思想，包括研究框架、研究样本、变量测量和分析技术等。研究框架部分阐明本书各项研究的主要内容以及它们之间的逻辑关系；研究样本部分对研究的样本和取样过程进行说明；变量测量部分说明研究变量的测量方式和测量手段；分析技术对研究使用的统计方法和技术手段进行说明。

4.1 研究框架

针对本书提出的研究问题，笔者建立统一的模型，研究的总体思路是工作任务对社会惰化的影响、社会惰化对绩效的影响。本研究是针对同一样本的研究，但根据以上问题，本书将整个研究分为两个部分，即把社会惰化的影响因素和影响机制，以及社会惰化的影响效果和影响机制分开。主要的原因是化繁为简，将复杂的模型简单化处理，可以清晰地观察研究结果。本研究的总体研究框架如图 4-1 所示。

研究一主要解决工作任务是如何影响社会惰化的，它受到了个体认知的中介作用，包括责任扩散、贡献模糊、去个性化的影响。工作任务从两个角度来分析：任务的依存性和任务的可见性。

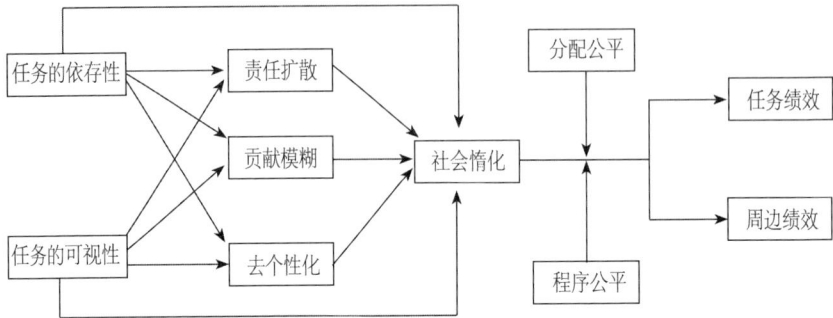

图 4-1　研究总体框架

　　研究二主要解决社会惰化是如何影响工作绩效的问题，工作绩效又分为任务绩效和周边绩效，其中受到了组织公平的调节，组织公平包括程序公平和分配公平。组织公平会影响社会惰化，进而影响绩效。

　　总体而言，以社会惰化为中心，向两边进行延伸，前导式为工作任务，中介机制为个体认知，后导式为工作绩效，调节机制为组织公平。

4.2　研究程序

　　为了检验本研究提出的若干假设，需要获取变量，包括任务的依存性、任务的可视性、贡献模糊、责任扩散、去个性化、社会惰化、分配公平、程序公平、任务绩效、周边绩效，这些数据由于无法从公开的资料中获取，本研究采用实地问卷调查的方式来收集相关变量的数据。本研究是一个个体层面的配对研究，以员工和直接上级为样本单元收集数据。

4.2.1　研究企业和对象

1.研究企业确定

本研究选取了上海、南京、山东、广州、山西五省市大中型生产企业、服务企业、研发企业，共计 54 家企业。筛选企业的原则一是方便抽样；二是保证样本分布较为广泛，具有多样性，能够产生很好的外部效度；三是来自不同地域的员工和主管，个体的素质差异较大，领导行为差异也较大，有利于呈现工作任务及个体认知对社会惰化的影响，以及社会惰化对工作绩效和组织公平的影响。

2. 研究对象确定

本研究的核心变量是社会惰化，所以要排除某些较为敏感的央企和政府工作人员及国家公务人员，主要研究对象为大中型国有、私营和合资企业的基层员工及他们的上级主管。研究的对象是基层的普通员工，而发放问卷的对象为员工本人及其直接上级主管，这些上级主管都是基层或中层管理者。

为保证数据质量，研究者征得企业的理解和支持后，尽量采取随机样本，首先研究者取得被研究企业高层领导的同意，并由此得到人力资源部门相关负责人的大力协助。在人力资源部门的配合下，研究者根据公司的职工花名册选择员工及其上级主管，并对员工和主管进行一一编号对应。如 X 公司 A 部门上级编号为 SJ1-1，SJ1-2，SJ1-3；员工编号为 YG1-1，YG1-2，YG1-3。B 部门以此类推，Y 公司以此类推，员工和上级的问卷都为匿名填写，且每个团队至少包括 2 名成员，一般一个团队会随机选取 5 位成员进行调查。共回收有效员工和直接主管问卷302 对。

3. 问卷的发放与收集

本研究以配对的方式收集数据，共设计两套问卷，分别为员工问卷和主管问卷，其中员工问卷要填写任务的依存性、任务的可视性、个体认知中的贡献模糊、责任扩散、去个性化、分配公平和程序公平以及个人基本信息。主管问卷需要填写社会惰化、对员工任务绩效和周边绩效的评价。样本量表的报告形式详见表 4-1。

本研究在两个时间点发放问卷收集数据。第一个时间点收集员工问卷，填写工作任务、个体认知、组织公平、程序公平的调查问卷。第二个时间点收集主管问卷，针对第一个时间点员工填写的问卷，由直接主管填写对员工社会惰化、任务绩效和周边绩效的评价问卷。为了尽可能避免同源误差，研究者从不同的来源（上级和下级）两个层次来收集数据，个体认知、工作任务、组织公平由员工来报告，社会惰化、任务绩效和周边绩效由上级来报告。

表 4-1   量表的报告形式

序号	量表	量表的报告形式
1	个体认知	员工报告
2	工作任务特征	员工报告
3	任务绩效	主管报告
4	周边绩效	主管报告
5	程序公平	员工报告
6	分配公平	员工报告
7	社会惰化	主管报告

共发放员工问卷 387 份，主管问卷 387 份，回收问卷后研究者对问卷进行筛选，筛选的标准包括：第一部分的各变量问卷中，缺失项达到5 个及以上的；明显不认真答卷的，比如乱涂乱画等；有明显倾向的，比如答卷选择分数有明显的规律性，或连续选择相同的分数；员工司龄不足一年的，避免员工、上级主管、组织之间相互不了解。剔除不合格、留白、反应倾向过于明显的问卷，同一来源问卷中有 2 份以上明显雷同时，保留 1 份问卷，其他都视为无效问卷（徐碧祥，2007；梁欢，2009），最后回收有效问卷 302 对，有效回收率 78.036%。一部分问卷采用密封邮寄的形式，另一部分为现场回收。对于现场回收问卷，为提高数据的质量，笔者在调查过程中对问卷的结构和维度作了详细的说明。填写问卷之前，告诉被试调查结果会完全保密，调查人员事先给被试提供统一的指导语，并要求在相对集中的时间内指导被试完成，调查结果仅用于科学研究，被试填完问卷之后，当场回收，并在填写问卷过程中给每一位答卷人员发放小礼品。

4.2.2　量表使用说明

本研究对所有调查问卷，包括条目、介绍和说明等内容都作了翻译和回译工作（Brislin，1980）。具体程序如下：有 4 位人员参与翻译和回译工作，其中 2 位翻译者、2 位回译者，所找的人员均是母语为汉语且具有较高的英语水平，并具有与研究主题相关的专业背景条件。首先，由 2 名翻译者分别独立对量表进行翻译，然后他们再把各自翻译的结果放在一起进行讨论和比较，经修订达成一致意见。笔者再将翻译结果分别交给另外 2 名回译者，让他们各自独立进行回译，2 名回译者分别将中文问卷再翻译成英文，得到英文版量表与初始量表，再与以上 4 位人员及作者本人，进行比较分析，对那些差别较大的按照原始量表重新翻译，直到所有问题与原始量表基本完全符合为止。为了保证量表的信度和效度，笔者在北京理工大学和北京林业大学大三本科生中进行了预测试。量表出处大多引自国外成熟的量表，具有较高的效度，量表的出处详见表 4-2。

表 4-2   **量表出处**

变量类型	变量名称	变量编号	量表出处
自变量	任务的可视性	V1～V6	Grorge(1992)
自变量	任务的依存性	I1～I11	Pearce & Gregersen(1991)
中介变量	责任扩散	ZR1～ZR5	DeVellis，R.F. Scale Development (2003)
中介变量	贡献模糊	GX1～GX3	DeVellis，R.F. Scale Development (2003)
中介变量	去个性化	D1～D4	DeVellis，R.F. Scale Development (2003)
因变量/自变量	社会惰化	S1～S10	George (1992)
调节变量	分配公平	Z1～Z4	Welbourn，Balkin & Gomez-Mejia （1995）
调节变量	程序公平	Z5～Z9	Welbourne et al.（1995）
因变量	任务绩效	RW1～RW11	Borman & Motosidlo (1993)
因变量	周边绩效	ZB1～ZB6	Borman & Motosidlo(1993)

本研究中，所涉及的变量有：（1）自变量：工作任务，包括任务的依存性、任务的可视性；（2）中介变量：个体认知，包括贡献模糊、责任扩散、去个性化；（3）调节变量：组织公平，包括分配公平和程序公平；（4）结果变量：工作绩效，包括任务绩效和周边绩效；（5）既是自

变量也是因变量：社会惰化，它既是工作任务的因变量，也是工作绩效的自变量。

所有的量表均采用国外信度、效度较高的成熟量表，且被广泛使用，条目未作筛减，详见表4-3。这些量表在使用前由4位人力资源博士和英语专业的专家进行了翻译和回译，保证了中文意义与原文意义相近。

表 4-3 量表条目

测试内容	量表	条目
个体认知	责任扩散	5
	贡献模糊	3
	去个性化	4
工作任务	任务的依存性	11
	任务的可视性	6
组织公平	程序公平	5
	分配公平	4
社会惰化	社会惰化	10
工作绩效	任务绩效	11
	周边绩效	6

4.2.3 量表内部一致性系数分析

经过对内部一致性结果分析表明，各量表均具有良好的信度，具体分析结果如下：内部一致性系数达到 0.90 以上的量表有社会惰化、任务绩效和周边绩效，其值分别为 0.954、0.932 和 0.901；内部一致性系数达到 0.80 以上的量表有 4 个，分别为任务可视性、贡献模糊、去个性化、程序公平，其值分别为 0.818、0.839、0.857、0.816，其余 3 个量表的内部一致性系数都在 0.70 以上，分别为任务的依存性、责任扩散、分配公平，其值分别为 0.721、0.709、0.773，由此看来，研究所使用量表总体信度可以接受，因为只要内部一致性系数大于 0.70 就可以接受。具体量表内部一致性系数见表 4-4。

表 4-4 量表内部一致性系数

量表名称	条目数量	信度（Cronbach's Alpha）
社会惰化	10	0.954
任务可视性	6	0.818
任务依存性	11	0.721
责任扩散	5	0.709
贡献模糊	3	0.839
去个性化	4	0.857
分配公平	4	0.773
程序公平	5	0.816
任务绩效	11	0.932
周边绩效	6	0.901

4.2.4 测量工具

这一部分研究的变量包括任务可视性、任务依存性、个体认知、社会惰化、组织公平、工作绩效以及人口统计学信息等控制变量。所有变量均采用利克特五点计分法，要求被调查者根据对量表中每个项目的同意程度，从"1——非常不同意"到"5——非常同意"中作出选择。

1. 社会惰化量表

社会惰化共为分为十个条目，量表由 George（1992）开发，采用五点式量表，量表的信度系数为 α（= 0.954）。1 代表非常不同意，5 代表非常同意。量表条目包括："向团队其他成员推卸他/她应承担的责任""当有其他成员在做这个工作时，他/她就减少自己的努力""不愿意与他人共同承担工作""如果团队其他成员在为顾客服务时，他/她就不愿多花时间帮助顾客""比团队中的其他成员出力少""尽可能地逃避工作任务""本应该现在完成的工作总是推到以后一件工作，如果其他人能做，他/她就做得少了""如果其他成员在分担工作时，他/她就放松了""如果其他人在场时，就把工作推给其他人"。

2. 任务依存性量表

任务的依存性共有五个条目，量表是由 Pearce & Gegersen（1991）

开发，本研究采用了五点式量表，1 代表非常不同意，5 代表非常同意，量表的信度系数为 α（=0.721），量表的条目包括："我的工作与其他人联系紧密""我必须与其他人共同努力完成工作""我所做的工作对其他人有影响""我的工作相当独立""我开展工作很少需要协调其他人""我不知道其他人完成工作的情况""为了完成工作，我需要与很多人沟通"等。

3. 任务可视性量表

任务的可视性共六个条目，量表由 Grorge（1992）开发，本研究采用五点式，1 代表最不同意，5 代表非常同意，量表的信度系数为 α（=0.818），量表条目包括："我的经理关注我工作的数量""如果我偷懒，我的经理会发现""当任务不能被上级或同事们看到时，我觉得尽力也不会得到好处，不尽力也不会得到惩罚""不管我多么努力工作，我的主管很难识别我的工作""我的主管知道我所做的一切工作"等。

4. 分配公平量表

分配公平共分五个条目，采用 Welbourn，Balkin & Gomez-Mejia（1995）量表，所有的条目采用五点式，1 代表非常不同意，5 代表非常同意；量表的信度系数为 α（=0.773）。条目包括："我的薪酬所得是公平的""我的所得相对于团队中的其他人所得是公平的"。

5. 程序公平量表

程序公平包括七个条目，采用 Welbourne et al.（1995）的量表，主要是考察感知到的公平与组织的分配系统。采用五点式，1 代表非常不同意，5 代表非常同意，量表的信度系数为 α（= 0.816）。条目包括："组织是在一种无偏见状态下进行决策的""组织在决策前会充分收集正确的信息""组织在作出决策前会倾听员工的意见"等。

6. 任务绩效量表

Williams & Anderso（1991）制定的员工任务绩效量表有 11 个条目，Daniel，Wang，Elliot & Zhang（2007）在中国情境中的实证研究删除了其中的 2 个反向条目，保留了其中的 9 个正向条目，本研究为了验证所填内容的真实性，保留了反向条目，该量表典型的条目包括"他的工作数量高于一般水平""他的工作质量明显高于一般水平""他的工作效率明显高于一般水平",量表显示出良好的信度,Cronbach α 系数为 0.932。

7. 周边绩效量表

本研究采用 Farh,Earley & Lin（1997）开发的中国情境的量表,采用五点式,1 代表非常不同意,5 代表非常同意,本研究中该量表的 Cronbach α 为 0.901。条目包括:"他主动执行不属于本职工作的任务""他在工作时帮助别人并与别人合作"等。

8. 个体认知量表

个体认知量表由 Applications,Thousand Oaks,CA：Sage（2003）开发,其中责任扩散 4 个条目,去个性化 4 个条目,贡献模糊 3 个条目,其中量表的信度系数分别为 α（= 0.709,0.857,0.839）。个体认知量表条目,详见表 4-5。

表 4-5 个体认知量表条目

构念	条 目
责任扩散	
DFR1	对团队目标的实现我只承担有限的责任
DFR2	如果小组成员只承担任务的一部分而没有完成,受到责备是不公平的
DFR3	实现团队目标是我们共同的责任
DFR4	认为同伴也没有完成好工作
去个性化	
DHM1	对于工作任务,我觉得我对其他人没有任何影响
DHM2	我感觉到我是对着机器工作而不是人
DHM3	其他团队成员对工作也很冷漠
DHM4	我并没有感觉到团队成员间的互相影响
贡献模糊	
ATB1	如果一部分成员表现不好,那么其余人也将抑制自己的努力
ATB2	如果组织同其他成员不尽力工作,我不出力也不为过
ATB3	如果我所在的团队没有完成工作,会影响到其他团队

9. 控制变量

本研究主要选用以下变量作为控制变量，包括性别、年龄、学历、司龄、岗位层级、工种、企业性质等。其中性别、年龄、岗位层级、司龄、学历使用虚拟变量的处理方式进行，人口统计学变量采用统一的数据编码方式，其中性别变量1代表男性，2代表女性，学历变量按照学历层次由低到高编码为1～5，单位类型和和企业性质及所属行业为分类变量，分别编码为1～5，职位层级为分类变量，分别编码为1～3，年龄和司龄为连续变量。

4.3 研究样本

本研究的样本分布地域来自广东、上海、山东、南京、山西五个省市的54家企业、302名员工、69名主管，该研究样本为（N1=302，N2=69）。

本研究在选择样本时，既考虑研究课题的需要，同时也考虑研究样本的可获得性，在选择样本时遵循以下的原则：（1）尽可能考虑行业的多样性，以提升研究结果的外部效度。本研究在选择样本时，尽可能地考虑样本企业性质、所属行业、企业规模、所在地域、成立时间等多方面的多样性。（2）充分考虑样本的可获得性。由于研究者经费、时间等因素的限制和调查研究的难度，因此在选择样本时，没有采取随机抽样的方式选择样本，而是根据方便抽样的方式，即通过研究者的社会关系进行问卷的发放和回收。

从人口统计学变量对社会惰化影响的分析结果来看，受教育程度、职位层级对社会惰化影响不太显著，而不同性别、不同年龄、不同工作年限在社会惰化的不同维度上都有显著的差异。从性别上看，女性的社会惰化分数明显低于男性，从年龄上看，26～35岁的人在社会惰化方面比25岁以下的人要高。

4.3.1 员工问卷分析

从样本的统计特征来看，员工样本的分布呈现如下：从性别分布来看，男性 70 人，占 35.2%；女性 129 人，占 64.8%。从年龄分布来看，25 岁以下 73 人，占 24.6%；26～35 岁 167 人，占 56.8%；36～45 岁 41 人，占 15.6%；46～55 岁 19 人，占 3%；56 岁以上 2 人，占 0.2%。从学历构成分布来看，高中及以下 38 人，占 12.6%；专科 82 人，占 27.2%；本科 167 人，占 55.3%；研究生 15 人，占 5%。从企业性质分布来看，国有企业 59 人，占 19.5%；民营企业 178 人，占 58.9%；合资企业 45 人，占 14.9%；事业单位 20 人，占 6.6%。从职位分布来看，一般员工 277 人，占 75.2%；基层人员 60 人，占 19.9%；中层人员 15 人，占 5%。从工作年限样本分布来看，1 年以下 61 人，占 20.2%；1～3 年 116 人，占 38.4%；3～5 年 69 人，占 22.8%；5～10 年 34 人，占 11.3%；10 年以上 22 人，占 7.3%。具体的样本分布统计详见表 4-6。

表 4-6　　　　　　员工级人口统计学变量（N=302）

序号	样本特征变量	分类	数量（人）	百分比（%）
1	性别	男	135	44.7
		女	167	55.3
2	年龄	25 岁及以下	73	24.2
		26～35 岁	167	55.3
		36～45 岁	41	13.6
		46～55 岁	19	6.3
		56 岁以上	2	0.7
3	学历	高中及以下	38	12.6
		专科	82	27.2
		本科	167	55.3
		硕士	15	5.0
		博士	0	0

续表

序号	样本特征变量	分类	数量（人）	百分比（%）
4	企业性质	国有企业	59	19.5
		民营企业	178	58.9
		合资企业	45	14.9
		事业单位	20	6.6
5	行业	加工制造业	55	18.2
		服务行业	166	55
		贸易行业	14	4.6
		其他	67	22.2
6	工种	生产	46	15.2
		销售	48	15.9
		技术	95	31.5
		管理	104	34.4
		研发	9	3
7	职位	一般员工	277	75.2
		基层管理人员	60	19.9
		中层管理人员	15	5
8	司龄	1年以下	61	20.2
		1～3年	116	38.4
		3～5年	69	22.8
		5～10年	34	11.3
		10年以上	22	7.3

4.3.2 主管问卷分析

由于研究的需要，本次调查不仅调查员工本人，还对员工的直接主管或上级进行调查。为了避免研究中的同源误差，关于社会惰化、任务绩效、周边绩效的评价，是由员工的直接主管对员工本人进行评价和填写。

从样本的统计特征来看，主管样本的分布呈现如下：从性别分布来看，男性 40 人，占 58%；女性 29 人，占 42%。从年龄分布来看，25 岁以下 3 人，占 4.3%；26～35 岁 29 人，占 42%；36～45 岁 24 人，占 34.8%；46～55 岁 11 人，占 15.9%；56 岁以上 2 人，占 2.9%。从学历构成分布来看，高中及以下 2 人，占 2.9%；专科 13 人，占 18.8%；本科 33 人，占 47.8%；硕士 19 人，占 27.5%；博士 2 人，占 2.95%。从企业性质分布来看，国有企业 13 人，占 21.7%；民营企业 41 人，占 49.3%；合资企业 9 人，占 13%；事业单位 11 人，占 15.9%。从职位分布来看，基层管理者 13 人，占 19%；中层管理者 43 人，占 62%；高层管理者 13 人，占 19%。从工作年限样本分布来看，1 年以下 5 人，占 7.2%；1～3 年 13 人，占 18.8%；3～5 年 20 人，占 29%；5～10 年 16 人，占 23.2%；10 年以上 15 人，占 21.7%。具体的主管人口统计学变量统计，详见表 4-7。

表 4-7　　　　　　　主管级人口统计学变量（N=69）

序号	样本特征变量	分类	数量（人）	百分比（%）
1	性别	男	40	58
		女	29	42
2	年龄	25 岁及以下	3	4.3
		26～35 岁	29	42
		36～45 岁	24	34.8
		46～55 岁	11	15.9
		56 岁以上	2	2.9
3	学历	高中及以下	2	2.9
		专科	13	18.8
		本科	33	47.8
		硕士	19	27.5
		博士	2	2.95

续表

序号	样本特征变量	分类	数量（人）	百分比（%）
4	企业性质	国有企业	13	21.7
		民营企业	41	49.3
		合资企业	9	13
		事业单位	11	15.9
5	行业	加工制造业	13	18.8
		服务行业	41	59.4
		贸易行业	2	2.9
		其他	13	18.8
6	工种	生产	12	17.4
		销售	6	8.7
		技术	14	20.3
		管理	36	52.2
		研发	1	1.4
7	职位	基层管理人员	13	19%
		中层管理人员	43	62%
		高层管理人员	13	19%
8	司龄	1年以下	5	7.2
		1~3年	13	18.8
		3~5年	20	29
		5~10年	16	23.2
		10年以上	15	21.7

4.4 本章小结

本章内容主要分为以下部分：第一部分为研究框架，说明了本研究的总体思路，分为研究一和研究二，其中研究一为社会惰化的影响因素和影响机制分析，研究二为社会惰化的影响结果和影响机制分析。第二部分为研究程序，分为四块：第一块为调查企业和调查对象的确定，共计调查企业 54 家，有效回收员工问卷和主管问卷 302 对，并一一配对。第二块为量表的使用说明，主要针对国外成熟量表的使用的翻译和回译作了详细说明，并指出量表的出处及各量表的条目。第三块为量表的内部一致性说明，所使用的量表内部一致性系数都高于 0.70 水平，信度水平可以接受，由于量表较为成熟，本研究没有作验证性因素分析。第四块为测量工具，对研究中所使用量表的内容、条目、规范、作者予以标注和说明。第三部分为研究样本，主要针对样本具体情况作了说明，包括样本特征情况和数量的占比，并给出详细的员工和主管的人口统计学变量表。

第5章 社会惰化影响因素、影响结果及 作用机制

本章主要依据第4章的研究设计，把研究框架分为两部分。具体分为研究一和研究二，其中研究一为社会惰化的影响因素和作用机制研究，也就是说是什么影响社会惰化，怎样影响，为何影响，引入中介效应进行分析。研究二为社会惰化的影响结果和作用机制研究，也就是社会惰化影响什么，如何影响，引入调节效应进行分析。

5.1 分析技术

本研究采用的数据统计分析软件主要包括 Excel2011 和 SPSS19.0。数据分析方法包括描述性统计分析、相关性分析、层级回归分析、验证性因子分析，中介变量和调节变量检验。中间变量和调节变量影响机制的检验方法主要依据 Baron Kenny（1986）以及温忠麟（2004）对中介效应和调节效应的理论解释，详细分析过程在后文有具体的研究说明。

5.1.1 信度效度检验说明

采用 SPSS19.0 的统计分析软件，首先对测量变量的信度、效度、共同方法偏差进行检验修订，保证测量的工具的可靠性。其次运用相关

分析和回归分析两种统计方法对两个研究的所提假设进行验证。最后根据温忠麟等（2004）所提的调节效应和中介效应对两个研究进行验证。

信度检验，Nunnally（1967）曾对组织行为学与人力资源研究的信度系数标准提出建议，信度系数大于 0.7 的量表才可以被接受准确测量所需测量事物的程度（何晓群，1998），信度系数在 0.8～0.9 之间表示较好，超过 0.9 表示信度系数非常好。本研究所采用的量表都是经过前期的开发和测量，对每个量表都作内部一致性信度分析，Cronbach α 系数都在 0.70 以上，表明内部信度非常好。并在初始模型的基础上，以分析结果的修正指数（modification index）为参数，对模型进行了修正。关于信度的内部一致性系数在上一章 4.2.3 中给出了说明。

效度检验则是指测量工具或手段能够在其他研究中也多次被采用。本研究的 10 个量表，由于采用国外较为成熟的量表，概念清晰，因此对量表的效度检验，本研究没有进行验证性因子分析。

5.1.2　描述性统计分析说明

本研究采用描述性统计分析对各变量的基本情况进行描述。此阶段分为两个部分：第一部分为样本的基本情况描述，包括样本的数量、性别、学历、年龄、在当前组织中的工作年限、职位级别、所在组织的性质、行业等情况；第二部分为描述性统计，包括任务的依存性、任务的独立性、贡献模糊、去个性化、社会惰化、分配公平、程序公平、任务绩效、周边绩效的最小值、最大值、均值和标准差等，详见 4.3.1 和 4.3.2。

5.1.3　相关分析和回归分析说明

本研究采用相关分析和层级回归对理论模型进行假设检验。相关分析（correlation analysis）是检验变量两两之间是否存在某种依存关系，并对这种依存关系的方向和程度进行探讨的一种统计方法。本研究在工作任务、个体认知、社会惰化、组织公平、工作绩效各因素层面上作相关分析，使用 Pearson 相关系数检验，通过操作 SPSS19.0 完成。层级回归分析是为了分析变量之间相关的具体形式，进一步指出它们之间因果关系的统计方法。层级回归方法通过不同模型对变异量的解释程度的比较分析实现对两个或以上的模型进行优劣比较，是一种常用的模型检验方法。本研究采用层级回归方法来分析工作任务、个体认知、社会惰化、组织公平、工作绩效之间的因果关系和作用机制。

相关性分析可以用来验证两个变量的线性关系，并对具体有依存关系的现象探讨其相关方向及相关程度，是后续进一步统计分析的基础（何晓群，1998）。因此在进行层级回归分析和假设检验之前，有必要对各研究变量的相关程度加以分析。

回归分析与假设检验，本研究的中介效应和调节效应分别采用了分层回归假设检验。

中介效应检验的步骤为：第一步先放入控制变量，第二步放入自变量，第三步放入中介变量。验证思想为，前提先判定模型2中自变量系数是否显著，再判定模型3中中介变量系数是否显著，以上两个条件如果同时满足后，再看模型3中自变量系数，不显著则为完全中介，显著但比模型2中小，则为部分中介。

调节效应的检验步骤为：第一步先放入控制变量，第二步放入未标准化的自变量和调节变量，第三步放入标准化后的自变量和调节变量的乘积。验证思想为，前提先判定自变量系数是否显著，如果满足，看相乘项系数是否显著，显著则存在调节作用，通过相乘项系数的正负来判断强度和方向，也就是加强或削弱的调节作用。

5.2　研究一：社会惰化影响因素和作用机制

研究一考察是什么因素影响社会惰化，以及它们之间的作用机制，主要为自变量任务的依存性和任务的可视性对社会惰化的相关关系，以及个体认知中的责任扩散、贡献模糊、去个性化在两者之间的作用机制（中介效应）。

5.2.1　研究一：相关分析

为了考察自变量任务的依存性，任务的可视性对社会惰化的影响，以及中介变量个体认知的影响，采用了相关分析检验。

考虑到一些人口统计学变量可能会影响到组织公平感和社会惰化，比如：不同年龄、不同性别、不同职位、不同学历、不同工作年限对社会惰化影响的作用可能不同，因此把以上变量作为控制变量，控制住这些变量，然后考虑自变量任务的依存性、任务的可视性、中介变量贡献模糊、责任扩散、去个性化对社会惰化的影响。

研究一的内容为社会惰化的影响因素和作用机制，包括自变量任务的可视性、任务的依存性，中介变量贡献模糊、责任扩散、去个性化及因变量社会惰化。自变量、中介变量与因变量的相关关系（N=302）见表5-1。

表 5-1 　　　　　研究一：各变量相关关系（N=302）

	均值	标准差	1	2	3	4	5	6
1.任务可视性	2.9111	0.43017	1					
2.任务依存性	2.5524	0.39883	−0.035	1				
3.责任扩散	3.1490	1.03797	−0.195**	0.057	1			
4.贡献模糊	2.5519	0.71015	−0.198**	0.171**	0.294**	1		
5.去个性化	2.3336	0.84678	−0.344**	0.346**	0.390**	0.487**		
6.社会惰化	2.6772	0.92131	−0.235**	0.184**	0.147*	0.199**	0.328**	1

** 在 0.01 水平（双侧）上显著相关。

* 在 0.05 水平（双侧）上显著相关。

由表5-1的分析可以看出，任务的可视性与社会惰化的相关系数是−0.235（且为负值），任务的依存性与社会惰化的相关系数是0.184，显著性水平都小于0.01，因此任务的可视性与社会惰化呈负相关关系，假设1得到了验证。任务的依存性与社会惰化呈正相关关系，假设2得到了验证。这说明，任务越是被主管能够监控到，员工的惰化也就越少；反之，就会越高。任务如果互相交叉、重叠，责任就会扩散，依存度高，人们就会偷懒，社会惰化也就越高。

5.2.2 研究一：中介效应检验

回归分析的思路，上面的相关分析已证明任务的依存性与社会惰化存在正相关关系，但无法说明其中的因果关系。为了确定任务的依存性与社会惰化的作用机制和影响过程，也就是社会惰化除了受任务的依存性影响之外，还有哪些因素会影响社会惰化，如何影响，本书引入了个体认知作为中介变量，通过分层回归进一步检验。考虑到一些控制变量能可能对社会惰化存在一定影响，因此本研究采用层次回归来分析任务的可视性对社会惰化的影响。

第一步：将性别、年龄、学历、层级、司龄等五个人口统计学变量，采用强迫进入法，放入回归方程的第一层，以控制不同个体之间差异的外部影响。

第二步：然后分别将任务的依存性，任务的可视性作为自变量引入回归方程，放入到第二层，观察其对因变量的解释效应。

第三步：把中介变量贡献模糊、责任扩散、去个性化分别单独放入。由于有三个中介变量，所以需要重复更换三次，放入第三层，结果分析如下：

先看模型2中自变量系数是否显著，再看模型3中中介变量系数是否显著，满足以上两个条件后，如果模型3中自变量系数不显著，为完全中介，显著但比模型2变小，则为部分中介。详细统计分析分别见表5-2至表5-7。

回归分析结果表明，首先该模型中，责任扩散对社会惰化的影响显著（$\beta=0.074$，$p<0.001$，$\Delta R^2=0.005$），任务的依存性由 $\beta=0.146$（$p<0.01$）变为 $\beta=0.144$（$p<0.01$），在模型3中自变量系数仍然显著，但变小，所以责任扩散在任务的依存性和社会惰化之间起到了部分中介作用，假设1a：责任扩散对任务依存性和社会惰化的中介作用得到了验证。责任扩散如何中介任务依存性与社会惰化，见表5-2。

表5-2   责任扩散如何中介任务依存性与社会惰化

变量	中介变量		
	M1	M2	M3
控制变量			
性别	0.041	0.043	0.045
年龄	0.049	0.041	0.038
学历	−0.352***	−0.327***	−0.319***
层级	−0.063	−0.067	−0.067
司龄	−0.023	−0.007	−0.009
自变量			
任务的依存性		0.146**	0.144**
中介变量			
责任扩散			0.074**
R^2	0.135***	0.156***	0.161**
Adjusted R^2	0.121	0.139	0.141
ΔR^2	0.135	0.021	0.005
F	9.265***	9.105***	8.086***

* $p<0.05$。

** $p<0.01$。

*** $p<0.001$。

a. 预测变量：（常量），工作年限，学历，性别，层级，年龄。

b. 预测变量：（常量），工作年限，学历，性别，层级，年龄，任务的依存性。

c. 预测变量：（常量），工作年限，学历，性别，层级，年龄，任务的依存性，责任扩散。

d. 因变量：社会惰化。

回归分析结果表明，首先在该模型中，贡献模糊对社会惰化的影响显著（$\beta=0.137$，$p<0.01$，$\Delta R^2=0.018$），任务的依存性由$\beta=0.146$（$p<0.01$）变为$\beta=0.125$（$p<0.01$），在模型3中自变量系数仍然显著，但变小，所以贡献模糊在任务的依存性和社会惰化之间起到了部分中介作用，假设1b：贡献模糊对任务依存性和社会惰化的中介作用得到了验证。贡献模糊如何中介任务依存性与社会惰化，见表5-3。

表 5-3　　　　　　　　贡献模糊如何中介任务依存性与社会惰化

变量	中介变量		
	M1	M2	M3
控制变量			
性别	0.041	0.036	0.039
年龄	0.049	0.039	0.035
学历	−0.352***	−0.337***	−0.323***
层级	−0.063	−0.063	−0.062
司龄	−0.023	−0.027	−0.034
自变量			
任务的依存性		0.146**	0.125**
中介变量			
贡献模糊			0.137**
R^2	0.135***	0.156***	0.174**
Adjusted R^2	0.121	0.139	0.154
ΔR^2	0.135	0.021	0.018
F	9.265***	9.105***	8.855***

* $p < 0.05.$

**$p < 0.01$。

*** $p < 0.001$。

a. 预测变量：（常量），工作年限，学历，性别，层级，年龄。

b. 预测变量：（常量），工作年限，学历，性别，层级，年龄，任务的依存性。

c. 预测变量：（常量），工作年限，学历，性别，层级，年龄，任务的依存性，贡献模糊。

d. 因变量：社会惰化。

回归分析结果表明，首先该模型中，去个性化对社会惰化的影响显著（$\beta = 0.224$，$p < 0.01$，$\Delta R^2 = 0.036$），任务的依存性由 $\beta = 0.146$（$p < 0.01$）变为 $\beta = 0.079$（$p < 0.01$），在模型 3 中自变量系数仍然显著，但变小，所以去个性化在任务的依存性和社会惰化之间起到了部分中介作用，假设 1c：去个性化对任务依存性和社会惰化起中介作用得到了验证。去个性化如何中介任务依存性与社会惰化，见表 5-4。

表 5-4　　　　　　去个性化如何中介任务依存性与社会惰化

变量	中介变量		
	M1	M2	M3
控制变量			
性别	0.041	0.036	0.064
年龄	0.049	0.039	−0.005
学历	−0.352***	−0.337***	−0.279***
层级	−0.063	−0.063	−0.058
司龄	−0.023	−0.027	−0.031
自变量			
任务的依存性		0.146**	0.079**
中介变量			
去个性化			0.224**
R^2	0.135***	0.156***	0.192**
Adjusted R^2	0.121	0.139	0.173
ΔR^2	0.135	0.021	0.036
F	9.265***	9.105***	10.005***

* $p<0.05$。

** $p<0.01$。

*** $p<0.001$。

a. 预测变量：(常量)，工作年限，学历，性别，层级，年龄。

b. 预测变量：(常量)，工作年限，学历，性别，层级，年龄，任务的依存性。

c. 预测变量：(常量)，工作年限，学历，性别，层级，年龄，任务的依存性，去个性化。

d. 因变量：社会惰化。

回归分析结果表明，首先在该模型中，责任扩散对社会惰化的影响显著（$\beta=0.047$，$p<0.001$，$\Delta R^2=0.002$），任务的可视性由 $\beta=-0.188$（$p<0.001$）变为 $\beta=-0.180$（$p<0.001$），在模型3中自变量系数仍然显著，但变小，所以责任扩散在任务的可视性和社会惰化之间起到了部分中介作用，假设 2a：责任扩散对任务可视性和社会惰化起中介作用得到了验证。责任扩散如何对任务可视性与社会惰化产生中介作用，见表

5−5。

表 5−5 　　　　责任扩散如何中介任务可视性与社会惰化

变量	中介变量		
	M1	M2	M3
控制变量			
性别	0.041	0.043	0.045
年龄	0.049	0.041	0.038
学历	−0.352***	−0.327***	−0.319***
层级	−0.063	−0.067	−0.067
司龄	−0.023	−0.007	−0.009
自变量			
任务的可视性		−0.188***	−0.180***
中介变量			
责任扩散			0.047***
R^2	0.135***	0.170***	0.172
Adjusted R^2	0.121	0.153	0.152
ΔR^2	0.135	0.035	0.002
F	9.265***	10.058***	8.717***

* $p < 0.05$。

** $p < 0.01$。

*** $p < 0.001$。

a. 预测变量：（常量），工作年限，学历，性别，层级，年龄。

b. 预测变量：（常量），工作年限，学历，性别，层级，年龄，任务的可视性。

c. 预测变量：（常量），工作年限，学历，性别，层级，年龄，任务的可视性，责任扩散。

d. 因变量：社会惰化。

回归分析结果表明，首先在该模型中，责任扩散对社会惰化的影响显著（β=0.126，p<0.001，ΔR^2=0.015），任务的可视性由 β=−0.188（p<0.001）变为 β=−0.165（p<0.01），在模型 3 中自变量系数仍然显著，但变小，所以贡献模糊在任务的可视性和社会惰化之间起到了部分中介作用，假设 2b：贡献模糊对任务可视性和社会惰化起中介作用得到了验证。贡献模糊如何对任务可视性与社会惰化产生中介作用，见表 5−6。

表 5-6　　　　　贡献模糊如何中介任务可视性与社会惰化

变量	中介变量		
	M1	M2	M3
控制变量			
性别	0.041	0.043	0.046
年龄	0.049	0.041	0.037
学历	-0.352^{***}	-0.327^{***}	-0.315^{***}
层级	-0.063	-0.067	-0.065
司龄	-0.023	-0.007	-0.016
自变量			
任务的可视性		-0.188^{***}	-0.165^{**}
中介变量			
贡献模糊			0.126^{***}
R^2	0.135	0.170	0.185
Adjusted R^2	0.121	0.153	0.165
ΔR^2	0.135^{***}	0.035^{***}	0.015^{**}
F	9.265^{***}	10.058^{***}	9.517^{***}

* $p<0.05$。

** $p<0.01$。

*** $p<0.001$。

a. 预测变量：（常量），工作年限，学历，性别，层级，年龄。

b. 预测变量：（常量），工作年限，学历，性别，层级，年龄，任务的可视性。

c. 预测变量：（常量），工作年限，学历，性别，层级，年龄，任务的可视性，贡献模糊。

d. 因变量：社会惰化。

回归分析结果表明，首先在该模型中，去个性化对社会惰化的影响显著（$\beta=0.207$，$p<0.001$，$\Delta R^2=0.031$），任务的可视性由 $\beta=-0.188$（$p<0.001$）变为 $\beta=-0.126$，模型2中自变量系数显著，在模型3中介变量系数显著，但在模型3中自变量系数不显著，所以去个性化在任务的可视性和社会惰化之间起到了完全中介作用，假设2c：去个性化对任务可视性和社会惰化起中介作用得到了验证。去个性化如何对任务可视性与社会惰化产生中介作用，见表5-7。

表 5-7　　去个性化如何中介任务的可视性与社会惰化

变量	中介变量		
	M1	M2	M3
控制变量			
性别	0.041	0.043	0.066
年龄	0.049	0.041	−0.001
学历	−0.352	−0.327	−0.275
层级	−0.063	−0.067	−0.061
司龄	−0.023	−0.007	−0.018
自变量			
任务的可视性		−0.188***	−0.126
中介变量			
去个性化			0.207***
R^2	0.135***	0.170***	0.201***
Adjusted R^2	0.121	0.153	0.182
ΔR^2	0.135	0.035	0.031
F	9.265***	10.058***	10.549***

* $p < 0.05$。

** $p < 0.01$。

*** $p < 0.001$。

a. 预测变量：（常量），工作年限，学历，性别，层级，年龄。

b. 预测变量：（常量），工作年限，学历，性别，层级，年龄，任务的可视性。

c. 预测变量：（常量），工作年限，学历，性别，层级，年龄，任务的可视性，去个性化。

d. 因变量：社会惰化。

5.3　研究二：社会惰化影响结果和作用机制

　　研究二考察社会惰化的影响结果，以及它们之间的作用机制，主要是社会惰化对因变量任务绩效和周边绩效的相关关系，以及组织公平中的分配公平和程序公平在两者之间的作用机制（调节效应）。

5.3.1　研究二：相关分析

为了考察社会惰化对任务绩效和周边绩效的影响，以及调节变量分配公平和程序公平对它们的影响，采用了相关分析检验。

检验的结果表明，在组织公平和社会惰化分析中，职位层级存在一定的差异，而不同性别的被试不存在显著差异。在分配公平和对公平的感知方面，一般员工明显低于中基层管理人员，在任务绩效受到社会惰化的影响方面，一般员工明显高于管理人员。

人口统计学变量对社会惰化的影响，考虑到一些人口统计学变量可能会影响到组织公平感和社会惰化，比如：不同年龄、不同性别、不同职位、不同学历、不同工作年限对社会惰化的影响可能不同，因此把以上变量作为控制变量，控制住这些变量，然后考察自变量社会惰化对任务绩效、周边绩效的影响，以及分配公平和程序公平在他们之间的调节作用。

研究二的内容是社会惰化的影响因素和作用机制，包括自变量社会惰化、调节变量分配公平和程序公平，以及因变量任务绩效和周边绩效。自变量、调节变量与因变量的相关关系（N=302）见研究二各变量相关关系，详见表5-8。

表5-8　　　　　　　研究二各变量相关关系（N=302）

	均值	标准差	1	2	3	4	5
1社会惰化	2.5764	0.77165	1				
2分配公平	3.4435	0.66781	−0.142*	1			
3程序公平	3.3528	0.69890	0.009	0.645**	1		
4任务绩效	3.4628	0.63257	−0.204**	0.066	0.023	1	
5周边绩效	3.7180	0.70932	−0.248**	0.055	0.023	0.501**	1

* 在 0.05 水平（双侧）上显著相关。

** 在 0.01 水平（双侧）上显著相关。

从表 5-8 可以看出，社会惰化与任务绩效和周边绩效的相关分别

为 -0.204 和 -0.248，显著性水平都小于 0.01，因此社会惰化与任务绩效和周边绩效都呈负相关关系，假设 3 和假设 4 得到了验证。也就是社会惰化程度越高，任务绩效和周边绩效越低。

5.3.2 研究二：调节效应检验

每个个体对组织公平的知觉可能都不一样，所以我们先控制人口统计学变量对组织公平和社会惰化的影响。本研究采用了逐步分层回归分析的方式，控制了对组织公平有影响的人口统计学变量，其中包括性别、年龄、职位层次、教育程度，再分析组织公平对社会惰化的影响程度。首先，本研究第一层变量将人口统计学变量放入回归方程，然后第二层变量将组织公平引入回归方程，并计算两层 R^2 产生的变化以及这种变化的 F 检验值，考察 R^2 是否有可靠的提高。在验证调节作用之前，对自变量社会惰化以及调节变量分配公平和程序公平作了去中心化处理。具体步骤如下：

第一步对人口统计学变量进行控制，把性别、年龄、学历、层级、司龄等五个因素放入回归方程的第一层，以控制不同个体之间差异的外部影响。

第二步，放入未标准化的社会惰化和程序公平和分配公平，观察其对因变量的解释效应。

第三步，放入交互项，即自变量和调节变量的乘积。

关于结果验证，先检验自变量系数是否显著，如果满足，检验相乘项是否显著，显著则存在调节作用，相乘的项的正负表示调节作用加强或削弱。详细统计分析分别见表 5-9 至表 5-12。

回归分析结果表明，在模型三中加入了社会惰化和分配公平的交互项之后，对整个模型有贡献力（$\beta = -0.223$，$p < 0.01$，$\Delta R^2 = 0.047$），解释了因变量 13.2% 的变异，加入交互项使回归方程的解释能力增加了9.5%，这说明分配越公平，社会惰化对任务绩效影响越小（斜率较小）。故假设 3a：分配公平调节社会惰化对任务绩效的影响作用得到验证。分配公平如何调节社会惰化与任务绩效，见表 5-9。

表 5-9   分配公平如何调节社会惰化与任务绩效

变量	调节变量		
	M1	M2	M3
控制变量			
性别	0.009	0.039	0.008
年龄	−0.126	−0.082	−0.085
学历	0.065	0.033	0.071
层级	0.125	0.091	0.068
司龄	0.211**	0.196**	0.222**
自变量			
社会惰化		−0.178*	−0.172*
分配公平		0.024*	0.016*
调节变量			
社会惰化×分配公平			−0.223**
R^2	0.055*	0.085*	0.132**
Adjusted R^2	0.030	0.051	0.095
ΔR^2	0.055	0.030	0.047
F	2.219**	2.515**	3.586***

*p<0.05。

**p<0.01。

***p<0.001。

a. 预测变量：（常量），工作年限，学历，性别，层级，年龄。

b. 预测变量：（常量），工作年限，学历，性别，层级，年龄，分配公平，社会惰化。

c. 预测变量：（常量），工作年限，学历，性别，层级，年龄，分配公平，社会惰化，社会惰化×分配公平。

d. 因变量：任务绩效。

为了更形象说明分配公平对社会惰化和任务绩效的调节效应，列出的调节效应方程为：$Y=3.252-0.172X+0.016M-0.223X \times M$，并画出调节效应图，详见图 5-1。由图 5-1 可以看出，当在分配公平高的情况下，社会惰化对任务绩效的预测作用较小，相反当在分配不公平的情况下，社会惰化对任务绩效的影响较大。

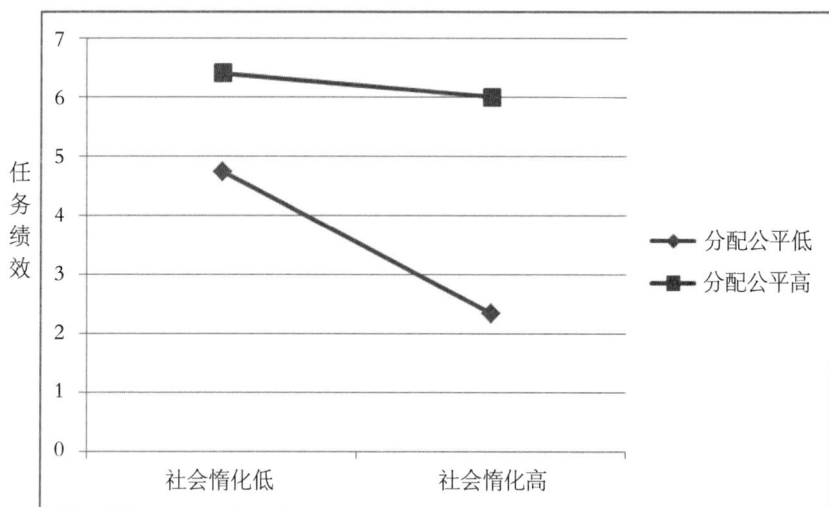

图 5-1　分配公平对社会惰化和任务绩效的调节效应

由图 5-1 可以看出分配公平这一调节变量的作用强度，在分配公平低时，社会惰化对任务绩效的影响较大（斜率较高），而当分配公平高时，社会惰化对任务绩效的影响较低（斜率较小），因此，分配公平在社会惰化和任务绩效之间起到了负向的显著调节作用。

回归分析结果表明，在模型三中加入了社会惰化和分配公平的交互项之后，对整个模型有贡献力（$\beta=-0.148$，$p<0.05$，$\Delta R^2=0.021$），解释了因变量 14.9% 的变异，加入交互项使回归方程的解释能力增加了 2.1%，这说明分配公平在社会惰化和周边绩效之间起到了显著的负向调节作用，分配公平越低，社会惰化对周边绩效的影响越大。故假设 3b：分配公平调节了社会惰化对周边绩效的影响作用得到验证。分配公平如何调节社会惰化与周边绩效，见表 5-10。

表 5-10　　　　　　**分配公平如何调节社会惰化与周边绩效**

变量	调节变量		
	M1	M2	M3
控制变量			
性别	−0.058	−0.017	−0.037

续表

变量	调节变量		
	M1	M2	M3
年龄	−0.106	−0.046	−0.047
学历	−0.013	−0.058	−0.033
层级	−0.039	−0.085	−0.101
司龄	0.309***	0.287***	0.304***
自变量			
社会惰化		−0.251*	−0.247**
分配公平		0.024*	0.019*
调节变量			
社会惰化×分配公平			−0.148*
R^2	0.069*	0.128*	0.149**
Adjusted R^2	0.045	0.096	0.113
ΔR^2	0.069	0.059	0.021
F	2.852***	3.988***	4.130***

*p<0.05。

**p<0.01。

***p<0.001。

a. 预测变量：（常量），工作年限，学历，性别，层级，年龄。

b. 预测变量：（常量），工作年限，学历，性别，层级，年龄，分配公平，社会惰化。

c. 预测变量：（常量），工作年限，学历，性别，层级，年龄，分配公平，社会惰化，社会惰化×分配公平。

d. 因变量：周边绩效。

为了更形象说明分配公平对社会惰化和周边绩效的调节效应，列出的调节效应方程为：$Y=4.178-0.247X+0.019M-0.148X×M$，并画出调节效果图，详见图5-2分配公平对社会惰化和周边绩效的调节效应。

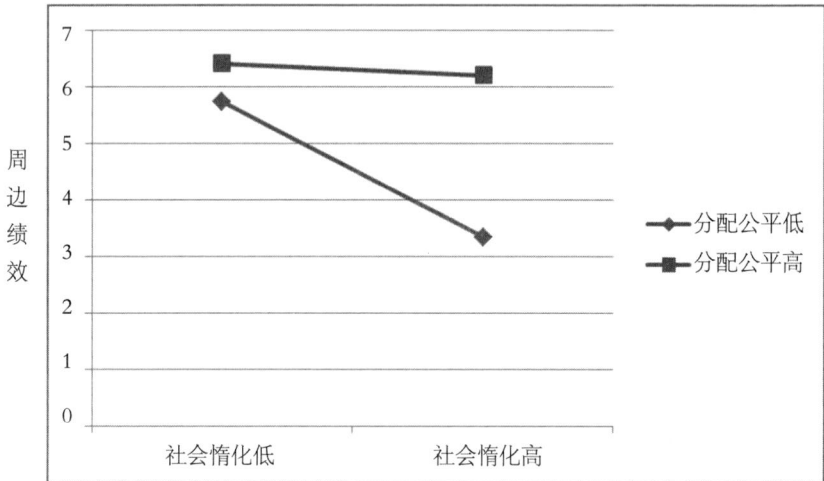

图 5-2 分配公平对社会惰化和周边绩效的调节效应

由图 5-2 可以看出分配公平这一调节变量的作用强度，在分配公平低时，社会惰化对周边绩效的影响较大（斜率较大），而当分配公平高时，社会惰化对周边绩效的影响较低（斜率较小），因此，分配公平在社会惰化和周边绩效之间起到了负向的显著调节作用。

回归分析结果表明，在模型三中加入了社会惰化和分配公平的交互项之后，对整个模型没有贡献力（β＝−0.033，ΔR²＝0.001），加入交互项后，相乘项变得不显著，加入交互项使回归方程的解释能力只增加了0.1%，这说明程序公平在社会惰化和任务绩效之间有没有起到调节作用。故假设 4a：程序公平调节了社会惰化对任务绩效的影响作用没有得到验证。程序公平如何调节社会惰化与任务绩效，见表 5-11。程序公平对社会惰化和任务的绩效调节方程：$Y=3.310-0.179X+0.020M-0.033X×M$。

表 5-11　　　　　　　**程序公平如何调节社会惰化和任务绩效**

变量	调节变量		
	M1	M2	M3
控制变量			
性别	0.009	0.039	0.037
年龄	−0.126	−0.084	−0.083

续表

变量	调节变量		
	M1	M2	M3
学历	0.065	0.035	0.039
层级	0.125	0.093	0.092
司龄	0.211*	0.196*	0.199*
自变量			
社会惰化		−0.181*	−0.179*
程序公平		0.013	0.020
调节变量			
社会惰化×程序公平			−0.033
R^2	0.055	0.084*	0.085
Adjusted R^2	0.031	0.050	0.047
ΔR^2	0.050	0.031	0.001
F	2.219*	2.503*	2.208*

*p<0.05。

**p<0.01。

***p<0.001。

a. 预测变量：（常量），工作年限，学历，性别，层级，年龄。

b. 预测变量：（常量），工作年限，学历，性别，层级，年龄，程序公平，社会惰化。

c. 预测变量：（常量），工作年限，学历，性别，层级，年龄，程序公平，社会惰化，社会惰化×程序公平。

d. 因变量：任务绩效。

回归分析结果表明，在模型三中加入了社会惰化和分配公平的交互项之后，对整个模型没有贡献力 （β=−0.007，ΔR^2=0.000），加入交互项后，相乘项变得不显著，加入交互项后回归方程的解释能力没有任何增加，这说明程序公平在社会惰化和周边绩效之间没有起到调节作用。故假设 4b：程序公平调节了社会惰化对周边绩效的影响作用没有得到验证。程序公平如何调节社会惰化与周边绩效，见表 5-12。

表 5-12　　　　　　程序公平如何调节社会惰化和周边绩效

变量	调节变量		
	M1	M2	M3
控制变量			
性别	−0.058	−0.017	−0.017
年龄	−0.106	−0.047	−0.048
学历	−0.013	−0.056	−0.057
层级	−0.039	−0.083	−0.083
司龄	0.309***	0.287***	0.286***
自变量			
社会惰化		−0.254***	−0.255***
程序公平		0.012	0.011
调节变量			
社会惰化×程序公平			−0.007
R^2	0.069*	0.128**	0.128
Adjusted R^2	0.045	0.096	0.091
ΔR^2	0.069	0.059	0.000
F	2.852**	3.973***	3.460***

*$p<0.05$。

**$p<0.01$。

***$p<0.001$。

a. 预测变量：（常量），工作年限，学历，性别，层级，年龄。

b. 预测变量：（常量），工作年限，学历，性别，层级，年龄，程序公平，社会惰化。

c. 预测变量：（常量），工作年限，学历，性别，层级，年龄，程序公平，社会惰化，社会惰化×程序公平。

d. 因变量：周边绩效。

程序公平对社会惰化和的周边绩效调节方程为：$Y=4.275-0.255X+0.011M-0.007X\times M$。

5.4 本章小结

本章内容主要分为以下部分：第一部分为分析技术，分别对研究变量的信度和效度作了说明，并对描述性统计方法、相关分析、回归分析作了说明。第二部分是研究一，即社会惰化的影响因素和作用机制，分别检验了任务的依存性对社会惰化的相关关系，任务的可视性对社会惰化的相关关系，以及贡献模糊、责任扩散、去个性化分别在任务依存性、任务可视性和社会惰化之间的中介作用。第三部分为研究二，即社会惰化的影响结果和作用机制，分别检验了社会惰化与任务的相关关系，社会惰化与周边绩效的相关关系，以及程序公平、分配公平分别对社会惰化与任务绩效、周边绩效的调节效应。经过分析验证，10 个假设中共有 8 个得到验证，详见表 5-13。

表 5-13　　　　　　　　　研究假设验证结果

研究假设验证	结果
假设 1：任务依存性与社会惰化呈正相关关系	支持
假设 2：任务可视性与社会惰化呈负相关关系	支持
假设 1a：责任扩散对任务依存性和社会惰化起中介作用	支持（部分中介）
假设 1b：贡献模糊对任务依存性和社会惰化起中介作用	支持（部分中介）
假设 1c：去个性化对任务依存性和社会惰化起中介作用	支持（部分中介）
假设 2a：责任扩散对任务可视性和社会惰化起中介作用	支持（部分中介）
假设 2b：贡献模糊对任务可视性和社会惰化起中介作用	支持（部分中介）
假设 2c：去个性化对任务可视性和社会惰化起中介作用	支持（完全中介）
假设 3：社会惰化与任务绩效呈负相关关系	支持
假设 4：社会惰化与周边绩效呈负相关关系	支持
假设 3a：分配公平调节了社会惰化对任务绩效的影响作用	支持
假设 3b：分配公平调节了社会惰化对周边绩效的影响作用	支持
假设 4a：程序公平调节了社会惰化对任务绩效的影响作用	不支持
假设 4b：程序公平调节了社会惰化对周边绩效的影响作用	不支持

第6章　研究结论、局限与展望

本研究在对目前社会惰化的现状进行了全面系统思考的基础上，在现有的关于社会惰化影响因素及作用机制基础上，从任务和个体认知的角度，提出了社会惰化受哪些因素的影响，怎么影响。并以社会惰化为基础，进一步分析其对员工绩效的影响，如何影响，怎么影响，进而引入组织公平的概念进行分析。本章就本研究的研究结论、关键创新点、管理启示、研究局限及未来的研究展望作一归纳和总结。

6.1　结果讨论

自 Ringelmann（1913）提出社会惰化这一概念以来，学术界开始越来越关注组织中的社会惰化现象。不同的学者从不同的关注点对社会惰化进行定义，明确员工社会惰化研究的层次，分析社会惰化与个体和团队的关系，并通过实证研究分析社会惰化的影响因素、影响机制、影响效果，包括各种中介效用、调节效用等。其中工作任务本身对社会惰化的影响比较显著，但目前相关研究还不充分，尤其是任务的依存性和任务的可视性对社会惰化的影响机制有待完善，中间的黑箱有待进一步揭示。同时，虽然组织层面的惰化负向影响组织绩效（Howard & Schwab，2008；Tangirala & Ramanujam，2008），而员工个体层面的研究也显示员工社会惰化负向影响员工的任务绩效和周边绩效，产生焦虑和工作倦怠（Morrison & Milliken，2000，2003；Tangirala & Ramanujam，2008）等等，但关于社会惰化对员工绩效怎么影响的研究较少，本书引入组织公平的调节变量进行研究。

本研究系统考察社会惰化的影响因素、工作任务、个体认知及其对员工绩效的影响。在社会惰化的影响因素方面，本研究考察了任务的依存性和任务的可视性对社会惰化的影响，同时为了进一步考察个体认知如何影响社会惰化，本书应用群体努力模型、社会影响理论、资源保存理论考察个体认知在工作任务与社会惰化之间关系的中介效用，应用 Jackson & Williams 的激励减少理论考察组织公平在社会惰化与任务绩效和周边绩效之间的调节作用。在社会惰化对员工绩效的影响方面，重点考察了社会惰化对员工任务绩效和员工周边绩效的影响。

付出匹配模型告诉我们，团队成员在组织活动中基于内心的驱动寻求一种公平感，通过本书的研究，也证明了分配公平确实在影响员工的绩效（包括任务绩效和周边绩效）方面起到了很大的作用。在团队工作中，个体会与其他人进行比较，Jackson 和 Harkins（1985）指出，个体在与他人共事时努力使自己的付出与他人相当。当个体预计团队中其他人会减少付出时就会产生惰化效应，作为这种预期的结果他们会相应地减少自己的付出。Jackson 和 Harkins 的问题在于，对同事的预期和对实验价值的总体评估比较混乱，Williams 和 Karau（1991）重新考察了对同事的预期的影响，却得出了相反的结果

通过本书的研究，14 个假设中的 12 个得到了支持。具体说来，首先，社会惰化现象是来自个体的认知而非群体的认知。不同研究者对社会惰化的研究结果是一致的（Latane，Williams & Harkins，1979；Harkins & Petty，1983；Weldom & Mustari，1990）。研究发现个体在群体中的任务绩效低于个体单独时的任务绩效，这与我的研究假设是一致的。其次，通过组织公平的设置可以抑制或弱化社会惰化，从而改善任

务绩效。周边绩效也会受到社会惰化的影响，因为个体会与群体中的其他人在任务上有关联，会决定个体的支持和帮助性行为，另外周边绩效受到程序公平的影响较小。

研究的结果显示，员工的个体认知、内在动机、对他人的评判会影响到社会惰化，同时潜在影响员工在组织情境中的表现。这一点与前人在实验室的研究结论相吻合（Williams et al.，1981）。社会惰化的发生，可能是因为个体感知到任务的可见性较低，这是本研究的重要发现。除此之外，员工的内在卷入程度、对任务的重要性、任务的意义、贡献值的评价也与社会惰化有关联，低的内在卷入程度将伴随着高的社会惰化（Brickner et al.，1986；Harkins & Petty，1982）。然而当把任务的可视性与员工的个体认知一并考虑时，发现个体认知中的贡献模糊、责任扩散、去个性化中介了任务的可视性与社会惰化。这种发现弥补了在实验室无法测试个体认知作用的缺陷。

6.1.1　本研究的理论框架得到了验证

研究一：社会惰化的影响因素。本研究从任务的依存性和任务的可视性两方面入手，分析其分别对社会惰化有什么样的影响。通过相关分析发现，任务的依存性与社会惰化呈显著正相关，任务的可视性与社会惰化呈显著的负相关关系。同时，以个体认知作为中介变量，通过分层回归模型，逐步推理验证，揭示了贡献模糊、责任扩散、去个性化在任务依存性和社会惰化之间起到部分中介作用，而贡献模糊、责任扩散在任务的可视性和社会惰化之间也起部分中介作用，去个性化在两者之间起到了完全中介作用。

研究二：社会惰化的影响结果。本研究从组织公平的角度出发，考察社会惰化对组织绩效的影响，如何影响，从程序公平和分配公平两个角度进行研究。研究的结果显示，社会惰化与任务绩效和周边绩效是负相关关系，分配公平在社会惰化和任务绩效、周边绩效之间起加强作用，程序公平在两者之间影响不显著。综上可以看出，14 个假设共有12 个假设通过验证分析得到支持。

6.1.2　个体认知在工作任务和社会惰化之间的促进作用

因为减少个体的单独识别，在群体中就会减弱个体的评估，随之而来的是其他人的责任心的降低，这就要采取正强化或负强化。尽管这不是必需的手段，但通常会采用，因此主张社会结果的分配将是研究的重心，评估绩效、个体识别、产出明确、其他人在场、对同伴的期望，甚至任务的难度等，对于社会惰化而言都是不同的关注点。这些因素会直接影响结果，它会通过动机、激励、自我意识、个人感情起中介作用。

6.1.3　分配公平和程序公平对改善任务绩效的作用

分配公平和程序公平对组织的影响是不一样的（Ambrose & Arnaud，2005；Lind & Tyler，1988）。通过本研究发现，分配结果是否公平，员工会最早获得和感知一些信息，而且还会对这些信息产生反应，信息提供者需要对员工的反应作出回应，直接的后果就是对任务绩效的影响作用。Folger and Cropanzano（1988）建议评估结果要切实可行，以公平公正来保证程序公平，有时程序公平也会影响到分配公平，分配公平会直接影响到任务绩效，所以两者都对任务绩效有较大影响。

6.2　主要创新点

6.2.1　理论方面创新

1. 讨论工作任务本身对社会惰化的影响，没有从哈克曼-奥尔德姆工作特征模型中的技能的多样性、任务的同一性、任务的重要性出发，而是从任务的依存性和任务的可视性两个角度来研究考察，同时引入心理学的变量个体认知进行分析。在辨别心理状态的时候，借鉴了群体努力模型（CEM）。

2. 本研究把工作任务和社会惰化通过个体认知中的贡献模糊、责任扩散、去个性化来联结，探讨其作用机制，揭开了工作任务与社会惰化的"黑箱"。

3. 本研究的研究框架运用了系统论的思想，第一次系统地把工作任务、个体认知、社会惰化、组织公平、工作绩效全面结合起来，进行一体化研究。

4. 以往的研究大多把社会惰化作为因变量来研究，探讨是什么影响社会惰化，本研究把社会惰化既作为因变量又作为自变量来研究，在研究一中作为因变量分析工作任务对它的影响，在研究二中作为自变量探讨它对工作绩效的影响。

6.2.2　技术方面创新

之前国外对社会惰化的研究大多采取实验室研究方法，实验室与社会的真实环境有相当大的差异，而且社会真实群体环境非常复杂，在实验室中很难模拟。本书采用实证的研究方法总结出社会惰化的一般因素，通过建立社会惰化的综合模型，引入其前因变量和结果来分析，并将结果与实验室所得结果进行比较，寻找共同影响因素和特殊影响因素。

本研究填补了国内运用实证研究方法研究社会惰化的空白，在我博士论文拟研究的初期，查阅了大量的中文文献，国内几乎没有人运用实证的方法研究社会惰化。

6.3　管理启示

6.3.1　管理者角度

1. 明确每个人的贡献

个体对组织的绩效的贡献要能清楚地识别。人们在岗位设计上注重工作的专业化，即将岗位设计得尽可能简单，将工作划分得更细小和更专业化。根据亚当·斯密（Adam Smith）的劳动分工原理和费雷德里克·泰勒（Frederick W.Taylor）的科学管理原理，职责专门化有助于提高员工的工作熟练程度，从而取得更高的效率和更好的业绩，避免偷懒现象发生。

根据个体对组织的贡献提供报酬，以增强组织成员对组织的关心，从按劳分配到按贡献分配，实行有效工资理论和收益共享计划，群体成员共享从生产量提高中获得的节余，每个人都为降低成本和增加产量而工作，较高的工资和较好的福利将会节约资金，从而变得更高产。

2. 增加任务的重要性和趣味性

研究发现，任务越令人厌倦，社会惰化就越严重。基于此，哈克曼等人提出的工作特征模型（job characteristics model）对员工起到很好的引导和激励作用。工作特征模型指出，技能的多样化、任务的完整性和任务的重要性共同创造了有意义的工作。也就是说，当一个岗位具有以上三种特征时，可以预计任职者将会把他的岗位看作重要的、有价值的和愿意做的。另外，具有工作自主性的岗位会给任职者带来个人责任感，而如果该岗位能获得工作绩效反馈，则员工可以知道他所进行的工作效果。从激励角度，工作特征模型指出，当员工能够了解到工作绩效，并认为自己从事的是有意义的工作，自己应该对工作结果负责时，他就会获得一种内在的激励。这种内在的激励将提高员工的工作动机、工作绩效和工作满意度。

3. 期望理论的运用

弗鲁姆的期望理论用公式表示为 M=f（V，E），即一个人受激励的程度和由此引发努力的程度，取决于奖酬的效价和奖励的可能性，即个体心目中奖酬价值的大小和他努力工作后达到标准的可能性期望概率的大小有关。主要关注三个方面：如果员工付出努力，是否会在绩效评价中表现出来；如果获得了好的绩效评估，是否会得到奖励；如果员工得到了奖励，这种奖励是否有吸引力。这就很好地说明了在群体当中为什么有的人不出力，这与组织的奖励是有关的。当明确个人目标并在付出后能得到回报时，员工必然会减少偷懒现象。

4. 激励手段的应用

怎样使人做某事，人为什么愿意做某事，从激励机制和动力机制入手，引发需要、刺激诱因，鼓励和引导个体为实现某一目标而行动的内在力量，使某种结果变得有吸引力。形成动机的条件：一是内在的需要欲望，二是外部的诱导和刺激。运用麦克莱兰的权力动机和成就动机激发，动机能给予一个人动力，去超越自己及别人的期望，使人由"要我干"变成"我要干"，减少惰化的发生。沙赫特实验告诉我们，高强度的凝聚力加上积极的引导会变得更高效。

5. 管理方式多元化

1961年美国密歇根大学社会研究中心的利克特（Renisi Likert）等人发表了《管理新模式》，将领导方式归纳为四种：专制独裁式、温和独裁式、协商民主式和参与民主式。不同的员工应区别对待，其中第四种方式，利克特认为是最好的领导方式。在这种领导方式下，领导者对下属充满信任，上下级处于平等地位，允许下属参与领导过程，在一定范围内授予下级自主决策权，从而调动下级的工作积极性。

根据赫塞和布兰查德生命周期理论，领导方式的选择不仅取决于领导者的工作行为和关系行为，还取决于个体完成某一任务的能力和意愿程度。根据员工的能力和意愿程度，可以采用授权、参与、说服、指导等领导方式，有针对性地对员工采取不同的领导风格和方式，避免员工工作的不积极和惰性现象发生。

6.3.2 员工角度

1. 改善个体认知

个体认知是行为的先决条件，人的行为源于认知，按照亚当斯公平理论，个体的努力程度不仅与他的绝对所得有关，还与横向比较有关。若感到不公平，则会降低自己的努力程度。由此看来，需要营造组织公平，从思想上解决个体的认知顾虑。引起满意的反应，将可能再次发生，引起不满的反应，将不太可能同时再次发生，强化的结果将增加前进行为的力度，并增加再次发生的可能性。改变个体的认知是很有必要的，这将使员工提高自我管理的意识。而人的满足感是主观的、个性化的，需要管理者的管理才能和领导才能，因时因地因人地提供不同诱因，对员工进行激励。各种激励手段如果能够调动员工积极性，改善个体的认知，让个体感到自己被重视、被认可，就可以很好地遏制社会惰化。

2. 明确态度行为

对于组织中的惰化，改变态度是个体应首要解决的一个关键问题，个体首先要改变对工作的评价、看法，包括自己对工作的理解和认识。也就是说不管别人是否偷懒，自己首先别偷懒，严格要求自己。对本职工作做好行为准备，积极主动开展工作，表现出良好的工作满意度（job satisfaction）和工作投入度（job involvement）。如果这样，个体则会表现出一种快乐和积极的情绪状态，全身心地投入工作和团队中去。改变认知，则会改变行为，也就是思想变，行为则会变。

另外从组织公民的角度来思考，基于对组织公民行为（organizational citizenship behavior）的塑造，从总体上有利于提高组织的功能和效率，因为这种行为是自发、自觉和自愿的，不被组织正式奖励系统明确和直接识别。强化自己的组织公民行为的个体，就会表现出良好的利他行为、尽职行为、运动员风格和公民道德。只能这样，个体才会对组织表现出良好的组织承诺感，对组织忠诚和努力工作，并对组织有感情依赖、认同和投入倾向。加强个体自身的社会责任感和组织的规范承诺，认可组织的价值观和目标，持续地将组织的战略目标和自身的能力、努力协调起来，以达到组织绩效的最大化，实现个体与组织的最优化。

3. 价值观引导

每个员工都会对客观事物的有用性、重要性、有效性有自己的评价和看法，其中涉及价值观的内容和强度两种属性。就内容而言，是某事物或其存在的状态；就强度而言，是其重要程度。那么员工需要重塑价值，如果他认为努力工作很重要，那么就会全身心地投入工作，工作的动机就会加强，就会主动提高工作积极性和责任心。通过对工作的投入来换取良好的工作绩效和高度的工作热情，作出内部、持续和总体的努力，惰化自然而然就会降低。阿吉里斯所说的"成熟的个性"，正是个人追求自由，实践个人意志和价值的体现。

另外，在无法对个体工作进行精确评价时，个体的行为选择取决于价值观。价值观是引导行为的一个有力砝码，是个体成就事业的价值导向，因此要从根本上解决社会惰化问题，必须引导员工树立良好的个人价值观和工作责任感，并结合运用组织目标和组织文化的力量。

4. 提升自我效能感

增强员工的自我效能感，能有力地调动员工的激情和积极性，相应地就会减少惰化。如果个体对自己能力有一种确切的信念或自信心，那么这种能力会使自己在某个特定的背景下为了成功完成特定任务，充分调动起必要的资源、动机和行为，进而会出现动机性努力、坚持不懈和对压力的耐受性。面对困难和挫折会坚持到底，就能够很好地自我监控，根据内外的环境很好地调整自己的行为，也就在工作中不懈怠了。

为了在健康的组织中培养出合格的员工，需协调组织和个体两个层面，管理者需从组织层面分析和引导，个体则要重新认识自己，改变心智模式。两者相辅相成，共同协作，方能抑制和减少社会惰化。

6.4　研究不足

尽管本研究对社会惰化作了相对全面的分析和探讨，研究工作任务对社会惰化的影响和社会惰化对工作绩效的影响，并对其中的作用机制作了分析，包括个体认知和组织公平对社会惰化的作用，丰富了社会惰化的相关理论，但是本研究还是存在着许多不足之处。

第一，本样本采用横截面数据来研究工作任务、社会惰化和工作绩效之间的关系，这种数据在验证其影响效果时，有一定的局限性，如果能够采用纵向数据，则本研究结果的说服力会更加有效。

第二，研究样本的局限。首先，来自样本地域的限制，虽然本研究收集主管问卷和员工问卷各 302 份，从数量的角度来说，可以支撑整个研究，但是因为资源的局限，研究样本集中于上海、广东、山东、北京、山西五地，这使得本研究的研究结论能否适用于其他地区，还需要进一步验证。其次，对研究样本未能进行限定，把各种类型的企业、各种层次和背景的领导者都包含在内，而不同企业的领导和员工的影响作用是不同的，还会受到企业文化价值观的影响，在研究中未作控制。

第三，问卷的报告形式单一，比如工作绩效完全是由主管来评定，也许与员工真实的绩效会存在差异。

第四，本研究中社会惰化从两个方面提取数据，来自领导者对下属的评价，但研究结果表明，社会惰化还会受到群体的规模、群体凝聚力等因素的影响，这还需要在以后的研究中进行补充。

6.5 未来的研究方向

本研究中的任务的特征、个体认知、组织公平，采用的都是自陈式量表，自陈式量表的不足之处是无法回避社会称许性或被试不愿回答的问题（务凯，2011）。因此，在未来的研究中，可以考虑采用他评式量表。社会惰化虽然采用他评式量表，但也有局限性和不真实性，以后可以采用观察法和情境投射法或几种方法相结合的方式，弥补自陈式量表的先天不足，使社会惰化的测量更符合员工的实际情况。

本研究中个体认知是个体层面的变量，而社会惰化、工作任务是组织层面变量，未来的研究可以考虑采用跨层的研究范式，进一步探讨和整合不同层面变量之间的关系。本研究只考虑了个体层面中的个体认知对社会惰化的影响，以及工作任务特征对社会惰化的影响，未来的研究可以从组织的角度探索群体规模、群体凝聚力、团队文化对社会惰化的影响。在组织公平方面，本研究只从分配公平和程序公平的角度去研究验证，没有检验互动公平对社会惰化和工作绩效之间的影响关系，未来可以检验互动公平对它们的影响机制和作用。

6.6 本章小结

本章内容包含五个部分。第一部分，介绍了本研究的研究结论。本研究的理论模型得到了验证，验证了工作任务与社会惰化的关系、个体认知对两者的中介效用、社会惰化对工作绩效的影响作用、组织公平的两个维度分配公平和程序公平对两者的调节作用。第二部分，归纳和总结了本研究的主要创新点，从理论的角度和研究方法的角度来说明，运用西方的概念和研究范式解决和分析了中国情境下的社会惰化影响因素和影响结果，并采用实证的方法进行验证，目前关于社会惰化这一领域，国内还没有运用实证方法来研究。第三部分，分别从组织管理的角度和个体认知的角度，为企业的管理实践提出了管理启示，从员工的心理层面分析认知社会惰化，并且从组织管理的角度提出弱化和解决社会惰化的方法，进而提升组织的绩效。第四部分说明了本研究的局限性和不足，本研究的横截面数据难以真实客观反映工作任务、社会惰化与工作绩效之间的因果关系，需要进一步作纵向研究加以确证，另外由于本研究的数据来自五个城市的 54 家企业，基于样本代表性的问题，本研究认为未来的研究应提高行业选择的代表性和普遍性，并获得足够多和一定程度随机选取的样本。第五部分，由于受研究议题的局限性，没有将其他可能存在的因素纳入到本研究的议题中去，从不同层面考察社会惰化的影响因素和影响结果，这些均是未来值得深入研究的问题。

主要参考文献

[1] 肯尼迪，迪尔．公司文化［M］．印国有，葛鹏，译．北京：三联书店，1989.

[2] 沙因．企业文化与领导［M］．朱明伟，罗丽萍，译．北京：中国友谊出版公司，1989.

[3] 涂尔干．职业伦理与公民道德［M］．渠东，付德根，译．上海：上海人民出版社，2001.

[4] 德鲁克．公司的概念［M］．罗汉，等，译．上海：上海人民出版社，2002.

[5] 库利．人类本性与社会秩序［M］．包凡一，王源，译．北京：华夏出版社，1989.

[6] 蔡永红，林崇德．绩效评估研究的现状及其反思［J］．北京师范大学学报：人文社科版，2001（4）.

[7] 陈文晶，时勘．变革型领导与交易型领导的回顾与展望［J］．管理评论，2007（9）.

[8] 陈永霞，贾良定，李超平，等．变革型领导、心理授权与员工的组织承诺——中国情景下的实证研究［J］．管理世界，2006（1）.

[9] 成中英．C理论：中国管理哲学［M］．上海：学林出版社，1999.

[10] 雷恩．管理思想的演变［M］．赵睿，等，译．北京：中国社会科学出版社，2000.

[11] 诺斯．经济史中的结构与变迁［M］．陈郁，罗华平，译．上海：上海三联

书店，上海人民出版社，1994.

[12] 董刚. 高校辅导员职业倦怠的成因与对策研究 [J]. 生产力研究，2009 (10).

[13] 费孝通. 学术自述与反思 [M]. 北京：三联书店，1996.

[14] 福山. 信任——社会道德与繁荣的创造 [M]. 李宛蓉，译. 呼和浩特：远方出版社，1998.

[15] 西蒙. 管理行为 [M]. 詹正茂，译. 4版. 北京：机械工业出版社，2004.

[16] 拉法耶. 组织社会学 [M]. 安延，译. 北京：社会科学文献出版社，2000.

[17] 斯泰西. 组织中的复杂性与创造性 [M]. 宋学锋，曹庆仁，译. 成都：四川人民出版社，2000.

[18] 米尔斯，帕森斯，等. 社会学与社会组织 [M]. 何维凌，黄晓京，译. 杭州：浙江人民出版社，1986.

[19] 段锦云，陈红，孙维维，等. 沉默：组织改变和发展的阻力 [J]. 人类工效学，2007 (2).

[20] 高日光. 破坏性领导：维度、测量及其与下属角色外行为的关系 [D]. 北京：中国人民大学，2011.

[21] 高旭辉. 打造管理中的组织公平感 [J]. 人力资源管理，2008 (9).

[22] 郭金侠，张艳华. X效率理论对国有企业应用的意义 [J]. 黑龙江对外经贸，2008 (11).

[23] 苟于人，李明德. DZ研究院岗位评价设计与实施 [D]. 成都：四川大学，2004.

[24] 何芹芳，杰辉. 公司中层管理者激励机制设计 [D]. 兰州：兰州大学，2011.

[25] 何碧. 大学英语教师职业倦怠状况分析及应对措施研究 [J]. 黔西南民族师范高等专科学校学报，2008 (3).

[26] 黄惠燕，李敏. 建筑施工企业一线员工公平感与其绩效的关系研究 [D]. 广州：华南理工大学，2009.

[27] 李超平，时勘. 分配公平与程序公平对工作倦怠的影响 [J]. 心理学报，2003 (5).

[28] 李超平，孟慧，时勘. 变革型领导对组织公民行为的影响 [J]. 心理科学，2006 (1).

[29] 李超平，鲍春梅. 社会交换视角下的组织沉默形成机制：信任的中介作用 [J]. 管理学报，2011 (5).

[30] 李超平，时勘，罗正学，等. 医护人员工作倦怠的调查 [J]. 中国临床心理学杂志，2003 (3).

[31] 李绍元. 破解华盛顿合作定律 [J]. 企业管理，2006 (11).

［32］ 李楠楠，陈伟娜，凌文辁. 组织中的不当督导及相关研究［J］. 心理科学进展，2009（5）.

［33］ 李锐，凌文辁. 变革型领导理论研究述评［J］. 软科学，2008（2）.

［34］ 李晔，龙立荣. 组织公平感研究对人力资源管理的启示［J］. 外国经济与管理，2003（2）.

［35］ 刘益，刘军，宋继文，等. 不同情商水平下领导行为与员工组织承诺关系的实证研究［J］. 南开管理评论，2007（2）.

［36］ 刘亚，龙立荣，李晔. 组织公平感对组织效果变量的影响［J］. 管理世界，2003（3）.

［37］ 刘亚楠，王刚，陈建成. 任务绩效和关系绩效的研究综述［J］. 经济视角：下，2011（7）.

［38］ 刘志迎，程瑶. X效率与高技术企业文化建设［J］. 科技与管理，2006（6）.

［39］ 刘晓东，党兴华. 略阳发电厂管理人员绩效管理研究［D］. 西安：西安理工大学，2006.

［40］ 刘青平，李婷婷. 内部营销对创业型企业员工留任意愿的影响研究：组织社会化程度的中介效应［J］. 管理工程学报，2011（4）.

［41］ 留岚兰，吴谅谅. "工作价值观职务特征"匹配对工作倦怠的影响研究［J］. 应用心理学，2005（1）.

［42］ 卡普兰，诺顿. 综合记分卡——一种革命性的评估和管理系统［M］. 北京：新华出版社，1998.

［43］ 弗朗茨. X效率：理论、论据和应用［M］. 费方域，等，译. 上海：上海译文出版社，1993.

［44］ 马新建，朱力，张雯，等. 薪酬管理环节要素对员工组织公平感的影响研究——基于商业模式价值分享视角的诠释［J］. 东南大学学报：哲学社会科学版，2011（2）.

［45］ 马鹤，解月光. 信息化课堂教学绩效评价体系研究［D］. 长春：东北师范大学，2009.

［46］ 马志英，魏如山. 组织中的社会惰化研究［J］. 山东社会科学，2005（5）.

［47］ 马志英. 组织中的社会惰化研究：成因与对策［D］. 北京：中国人民大学，2005.

［48］ 马志英，王霆. 论企业文化的本质［J］. 理论与改革，2008（2）.

［49］ 孟慧，李永鑫. 大五人格特质与领导有效性的相关研究［J］. 心理科学，2004（3）.

［50］ 孟宪伟. 领导成员交换关系对变革型领导有效性的影响［J］. 现代管理科学，2006（3）.

[51] 潘明芳，王怀明. 组织公平感的类型及其在企业绩效管理中的意义 [J]. 聊城大学学报：社会科学版，2006（3）.

[52] 聂中超. 知识型员工绩效影响因素及实证研究 [D]. 北京：北京邮电大学，2010.

[53] 乔为国，陈旭东. X-效率与企业内部的个体激励 [J]. 浙江大学学报：人文社会科学版，1999（4）.

[54] 沈峥嵘，王二平. 关系绩效研究 [J]. 心理科学进展，2004（6）.

[55] 孙利虎. 群体动力学中的社会惰化研究 [J]. 生产力研究，2010（9）.

[56] 孙江丽，王益宝，徐再仕. 员工心理契约违背对组织公民行为及工作绩效的影响研究 [J]. 经济论坛，2009（3）.

[57] 沈颖. 积极心理学与教师职业倦怠 [D]. 苏州：苏州大学，2009.

[58] 王国春，井润田. 基于组织公平感的变革型领导行为和组织公民权行为的关系的实证研究 [J]. 成都：电子科技大学，2006.

[59] 王辉，李晓轩，罗胜强. 任务绩效与情境绩效二因素绩效模型的验证 [J]. 中国管理科学，2003（4）.

[60] 王辉，刘雪峰. 领导-部属交换对员工绩效和组织承诺的影响 [J]. 经济科学，2005（2）.

[61] 王辉，牛雄鹰. 领导-部属交换的多维结构及对工作绩效和情境绩效的影响 [J]. 心理学报，2004（2）.

[62] 王震. 领导-成员交换关系差异化的影响因素、影响效果及作用机制 [D]. 北京：中国人民大学，2012.

[63] 王震，孙健敏，赵一君. 中国组织情境下的领导有效性：对变革型领导、领导-部属交换和破坏型领导的元分析 [J]. 心理科学进展，2012（2）.

[64] 王忠军，龙立荣，刘丽丹. 组织中主管-下属关系的运作机制与效果 [J]. 心理学报，2011（7）.

[65] 王雁飞，朱瑜. 国外社会惰性的理论与相关研究概述 [J]. 心理科学进展，2006（1）.

[66] 王若晨，陈光春. 基于X效率理论的企业核心员工激励 [J]. 社科纵横，2007（3）.

[67] 汪新艳，廖建桥. 组织公平感对员工工作绩效的影响机制研究 [J]. 江西社会科学，2007（9）.

[68] 温忠麟，张雷，侯杰泰，等. 中介效应检验程序及其应用 [J]. 心理学报，2004（5）.

[69] 吴昊. 资源保存理论的社会惰化动因分析 [J]. 企业研究，2010（12）.

[70] 吴继红. 组织支持认知与领导-成员交换对员工回报的影响实证研究 [J].

软科学，2006（5）.

［71］ 吴隆增，曹昆鹏，陈苑仪，等. 变革型领导行为对员工建言行为的影响及其中介作用机制研究［J］. 管理学报，2011（1）.

［72］ 吴隆增，刘军，刘刚. 辱虐管理与员工表现：传统性与信任的作用［J］. 心理学报，2009（6）.

［73］ 向倩雯，唐春勇. 国有企业员工组织公正感与任务绩效、关系绩效关系的实证研究［D］. 成都：西南交通大学，2007.

［74］ 许飞，刘冰. KT公司的绩效考核方案再设计［D］. 济南：山东大学，2012.

［75］ 徐长江，时勘. 工作倦怠：一个不断扩展的研究领域［J］. 心理科学进展，2003（6）.

［76］ 于鸿君. X效率理论在企业管理中的应用［J］. 管理现代化，1996（6）.

［77］ 尹鹏飞. 员工沉默的形成原因及对员工绩效的影响［D］. 北京：中国人民大学，2013.

［78］ 杨小燕. 对图书馆员职业倦怠问题的探讨［J］. 宿州教育学院学报，2009（2）.

［79］ 杨献碧. 用组织公平感分析我国教育中存在的教师问题［J］. 教书育人，2006（26）.

［80］ 张春苏，王洪录. 基于社会心理学理论的分组学习实施策略研究［J］. 吉林粮食高等专科学校学报，2005（1）.

［81］ 赵慧娟. 基于员工职业发展与组织发展的个人–组织契合权变管理模型［D］. 武汉：华中科技大学，2009.

［82］ 赵慧娟，龙立荣. 个人–组织匹配与工作满意度——价值观匹配、需求匹配与能力匹配的比较研究［J］. 工业工程与管理，2009（4）.

［83］ 赵慧娟，龙立荣. 企业员工PO匹配偏好的对偶比较研究——基于员工职业发展水平与组织文化强度的视角［J］. 浙江工商大学学报，2013（5）.

［84］ 张广宁. 在华合资企业核心员工跨文化管理问题研究［D］. 沈阳：辽宁大学，2008.

［85］ 张志坚. 公平理论在人力资源管理中的应用［J］. 武汉理工大学学报：社会科学版，2004（3）.

［86］ 郑晓涛. 员工组织内信任、信任因素和员工沉默的关系研究［D］. 上海：上海交通大学，2007.

［87］ 郑艳芳，霍娜，李超平，等. 护士工作倦怠与心理健康关系的研究［J］. 武警医学，2010（5）.

［88］ 周文霞，郭桂平. 自我效能感：概念、理论和应用［J］. 中国人民大学学报，2006（1）.

[89] 仲理峰，周霓裳，董翔，等. 领导-部属交换对领导和部属工作结果的双向影响机制 [J]. 心理科学进展，2009 (5).

[90] 周丽丽. 领导风格、家庭环境、社会支持与员工心理压力的关系研究 [D]. 曲阜：曲阜师范大学，2009.

[91] 庄选时，张应高. 社会惰化现象剥析 [J]. 湖南经济干部管理学院学报，2006 (6).

[92] 朱莉英. 组织公平感理论在企业人力资源管理中运用的探讨 [J]. 科技创业月刊，2006 (12).

[93] AITKEN M. A personality profile of the college student procrastinator [J]. Dissertation Abstracts International, 1982, 43 (3-A): 722-723.

[94] AJZEN I. The theory of planned behavior [J]. Organizational Behavior and Human Decision Processes, 1991, 50 (2): 179-211, 226.

[95] ALBANESE R, VAN FLEET D. Rational behavior in groups: the free-riding tendency [J]. Academy of Management Review, 1985, 10 (2): 244-255.

[96] AQUINO K, REED A, THAU S, et al. A grotesque and dark beauty: how moral identity and mechanisms of moral disengagement influence cognitive and emotional reactions to war [J]. Journal of Experimental Social Psychology, 2007, 43 (3): 385-392.

[97] ARVEY R D, MURPHY K R. Performance evaluation in work settings [J]. Annual Review of Psychology, 1998, 49: 141-168.

[98] BANDURA A. Mechanisms of moral disengagement [M] //Reich W. (ed.) Origins of terrorism: psychologies, ideologies, theologies, states of mind. Cambridge: Cambridge University Press, 1990: 161-191.

[99] BANDURA A. Selective activation and disengagement of moral control [J]. Journal of Social Issues, 1990, 46 (1): 27-46.

[100] BANDURA A. Selective moral disengagement in the exercise of moral agency [J]. Journal of Moral Education, 2002, 31 (2): 101-119.

[101] BANDURA A. The role of selective moral disengagement in terrorism and counterterrorism [M] //MOGHADDAM F, MARSELLA A (Eds.). Understanding terrorism: psychosocial roots, consequences, and interventions. Washington, DC: American Psychological Association, 2004: 121-150.

[102] BANDURA A. Selective exercise of moral agency [M] //WALBERG H,

THORKILDSEN T (Eds.). Nurturing morality. Boston: Kluwer Academic/Plenum, 2004 : 35-57.

[103] BANDURA A, BARBARANELLI C, CAPRARA G, et al. Mechanisms of moral disengagement in the exercise of moral agency [J]. Journal of Personality and Social Psychology, 1996, 71 (2): 364-374.

[104] BARNARD A. On the relationship between technique and dehumanization [M] // LOCSIN R. (ed.) Advancing technology, caring, and nursing. Westport, CT: Greenwood, 2001: 96-105.

[105] BERKOWITZ L. Decreased helpfulness with increased group size through lessening the effects of the needy individual's dependency [J]. Journal of Personality, 1978, 46 (2): 299-310.

[106] BLUNT A K, PYCHYL T A. Task aversiveness and procrastination: a multi- dimensional approach to task aversiveness across stages of personal [J]. Personality and Individual Differences, 2000, 28 (1): 153-167.

[107] BOLLEN K A, HOYLE R H. Perceived cohesion: a conceptual and empirical examination [J]. Social Forces, 1990, 69 (2): 479-504.

[108] BOH W F, REN Y, KIESLER S, et al. Expertise and collaboration in the geographically dispersed organization [J]. Organization Science, 2007, 18 (4): 595-612.

[109] BRADLEY G W. Self - serving biases in the attribution process: a reexamination of the fact or fiction question [J]. Journal of Personality and Social Psychology, 1978, 36 (1): 56-71.

[110] BRICKNER M A, HARKINS S G, OSTROM T M. Effects of personal involvement: thought - provoking implications for social loafing [J]. Journal of Personality and Social Psychology, 1986, 51 (51): 763-769.

[111] BURGOON J, BURGOON M, BRONECK K, et al. Effects of synchronicity and proximity on group communication [D] . Paper presented at the annual convention of the National Communication Association, New Orleans, LA, November 2002.

[112] BURGOON J K, BONITO J A, RAMIREZ A, et al. Testing the interactivity principle: effects of mediation, propinquity, and verbal and nonverbal modalities in interpersonal interaction [J] . Journal of Communication, 2002, 52 (3): 657-677.

[113] BURKE K, CHIDAMBARAM L. How much bandwidth is enough? A

longitudinal examination of media characteristics and group outcomes [J]. MIS Quarterly, 1999, 23 (4): 557-580.

[114] CAMPION M A, MEDSKER G J, HIGGS A C. Relations between work group characteristics and effectiveness: implications for designing effective work groups [J]. Personnel Psychology, 1993, 46 (4): 823-850.

[115] CAMPION M A, PAPPER E M, MEDSKER G J. Relations between work team characteristics and effectiveness: a replication and extension [J]. Personnel Psychology, 1996, 49 (2): 823-850.

[116] CAPRARA G V, CAPANNA C. Moral civic disengagement and values [J]. Ricerche Di Psicologia, 2005, 15 (1): 67-84.

[117] CHARBONNIER E, HUGUERT P, BRAUER M, et al. Social loafing and self-beliefs: people's collective effort depends on the extent to which they distinguish themselves as better than others [J]. Social Behavior and Personality, 1997, 26 (4): 329-340.

[118] CHIDAMBARAM L. Relational development in computer - supported groups [J]. MIS Quarterly, 1996, 20 (2): 143-165.

[119] CHIDAMBARAM L, TUNG L L. Is out of sight, out of mind? An empirical study of social loafing in technology- supported groups [J]. Information Systems Research, 2005, 16 (2): 149-168.

[120] CHIN W W. The partial least squares approach to structural equation modeling [M] //Marcoulides G. (ed.) Modern methods for business research. Hillsdale, NJ: Lawrence Erl-baum, 1998: 295-336.

[121] CHIN W W, MARCOLIN B L, NEWSTED P R. A partial least squares latent variable modeling approach for measuring interaction effects: results from a Monte Carlo simulation study and an electronic- mail emotion/adoption study [J]. Information Systems Research, 2003, 14 (2): 189-217.

[122] COHEN S G, BAILEY D E. What makes teams work: group effectiveness research from the shop floor to the executive suite [J]. Journal of Management, 1997, 23 (3): 239-289.

[123] COLQUITT J A, CONLON D E, WESSON M J, et al. Justice at the millennium: a meta- analytic review of 25 years of organizational justice research [J]. Journal of Applied Psychology, 2001, 86 (3): 425-445.

[124] COMER D R. A model of social loafing in real work groups [J]. Human

Relations, 1995, 48 (6): 647-667.

[125] CONNOLLY T, ROUTHIEAUX R L, SCHNEIDER S K. On the effectiveness of group brain-storming: test of one underlying cognitive mechanism [J]. Small Group Research, 1993, 24 (4): 490-503.

[126] CRAMTON C D. The mutual knowledge problem and its consequences for dispersed collaboration [J]. Organization Science, 2001, 12 (3): 346-371.

[127] CRAMTON C D. Finding common ground in dispersed collaboration [J]. Organizational Dynamics, 2002, 30 (4): 356-367.

[128] DENNIS A R. Information exchange and use in group decision making: you can lead a group to information, but you can't make it think [J]. MIS Quarterly, 1996, 20 (4): 433-457.

[129] DENNIS A R, GARFIELD M J. The adoption and use of GSS in project teams: toward more participative processes and outcomes [J]. MIS Quarterly, 2003, 27 (2): 289-323.

[130] DENNIS A R, VALACICH J S. Electronic brainstorming: illusions and patterns of productivity [J]. Information Systems Research, 1999, 10 (4): 375-377.

[131] DEVELLIS R F. Scale development: theory and applications [M]. Thousand Oaks, CA: Sage, 2003.

[132] DOBBINS G H, LANE I M, STEINER D D. A note on the role of laboratory methodologies in applied behavioural research: don't throw out the baby with the bath water [J]. Journal of Organizational Behavior, 1988, 9 (3) : 281-286.

[133] DRISKELL J E, RADTKE P H, SALAS E. Virtual teams: effects of technological mediation on team performance [J]. Group Dynamics: Theory, Research, and Practice, 2003, 7 (4): 297-323.

[134] DRUSKAT V U, WOLFF S B. Effects and timing of developmental peer appraisals in self-managing work groups [J]. Journal of Applied Psychology, 1999, 84 (1): 58-74.

[135] FERRARI J R. Procrastination in the workplace: attributions for failure among individuals with similar behavioral tendencies [J]. Personality and Individual Differences, 1992, 13 (3): 315-319.

[136] FERRARI J R. Dysfunctional procrastination and its relationship with self-esteem, interpersonal dependency, and self-defeating behaviors

[J]. Personality and Individual Differences, 1994, 17 (5): 673-679.

[137] FERRARI J R. Still procrastinating? The no regrets guide to getting it done [M]. New York: J. Wiley & Sons, 2010.

[138] FERRARI J R, JOHNSON J L, MCCOWN W G. Procrastination and task avoidance: theory, research, and treatment [M]. New York: Plenum/Springer Science Publications, 1995.

[139] FERRARI J R, PATEL T. Social comparisons by procrastinators: rating peers with similar or dissimilar delay tendencies [J]. Personality and Individual Differences, 2004, 37 (7): 1493-1501.

[140] FERRARI J R. Procrastination: current issues and new directions [J]. Special issue of the Journal of Social Behavior & Personality , 2000.

[141] FOLGER R. Distributive and procedural justice: combined impact of 'voice' and improvement on experienced inequity [J]. Journal of Personality and Social Psychology, 1977, 35 (2): 108-119.

[142] FORNELL C, LARCKER D F. Evaluating structural equation models with unobservable variables and measurement error [J] . Journal of Marketing Research, 1981, 18 (1): 39-50.

[143] GALLUPE R B, DENNIS A R, COOPER W H, et al. Electronic brainstorming and group size [J]. Academy of Management Journal, 1992, 35 (2): 350-369.

[144] GARCIA S M, WEAVER K, MOSKOWITZ G B, et al. Crowded minds: the implicit bystander effect [J]. Journal of Personality and Social Psychology, 2002, 83 (4): 843-853.

[145] GEORGE J M. Extrinsic and intrinsic origins of perceived social loafing in organizations [J]. Academy of Management Journal, 1992, 35 (1): 191-202.

[146] GEORGE J M. Asymmetrical effects of rewards and punishments: the case of social loafing [J]. Journal of Occupational and Organizational Psychology, 1995, 68 (4): 327-338.

[147] GEORGE J M, BRIEF A P. Motivational agendas in the workplace: the effects of feelings on focus of attention and work motivation [J]. Research in Organizational Behavior, 1996, 18 (3): 75-109.

[148] HALEBLIAN J, FINKELSTEIN S. Top management team size, CEO dominance, and firm performance: the moderating roles of environmental turbulence and discretion [J]. Academy of Management

Journal, 1993, 36 (4): 844-863.

[149] HARE A P. A study of interaction and consensus in different sized groups [J]. American Sociological Review, 1952, 17 (3): 261-267.

[150] HARKINS S G, PETTY R E. Effects of task difficulty and task uniqueness on social loafing [J]. Journal of Personality and Social Psychology, 1982, 43 (6): 1214-1229.

[151] HARKINS S, SZYMANSKI K. Social loafing and group evaluation [J]. Journal of Personality and Social Psychology, 1989, 56 (6): 934-941.

[152] HART J W, KARAU S J, STASSON M, et al. Achievement motivation, expected coworker performance, and collective task motivation: working hard or hardly working? [J] Journal of Applied Social Psychology, 2004, 34 (34): 984-1000.

[153] HASLAM N. Dehumanization: an integrative review [J]. Personality and Social Psychology Review, 2006, 10 (3): 252- 264.

[154] HINDS P J, MORTENSEN M. Understanding conflict in geographically distributed teams: the moderating effects of shared identity, shared context, and spontaneous communication [J]. Organization Science, 2005, 16 (3): 290-307.

[155] HUGUET P, CHARBONNIER E, MONTEIL J M. Productivity loss in performance groups: people who see themselves as average do not engage in social loafing [J]. Group Dynamics: Theory, Research, and Practice, 1999, 3 (2): 118-131.

[156] HARKINS S G, LATANÉ B, WILLIAMS K. Social loafing: allocating effort or taking it easy [J]. Journal of Experimental Social Psychology, 1980, 16 (5): 457-465.

[157] HARKINS S G, PETTY R E. The effect of task difficulty and task uniqueness on social loafing [J]. Journal of Personality and Social Psychology, 1982, 43 (6): 1214-1229.

[158] HECHTER M. Principles of group solidarity [J]. Berkeley: University of California Press, 1987

[159] HOFMANN D A. An overview of the logic and rationale of hierarchical linear models [J]. Journal of Management, 1997, 23 (6): 723-742.

[160] HOFMANN D A, GAVIN M B. Centering decisions in hierarchical linear models: implications for research in organizations [J]. Journal of Management, 1998, 24 (5): 623-641.

[161] HOLLENBECK J R, ILGEN D R, SEGO D J, et al. Multilevel theory of team decision making: decision performance in teams incorporating distributed expertise [J]. Journal of Applied Psychology, 1995, 80 (2): 292-316.

[162] ILGEN D R. Teams embedded in organizations: some implications. American Psychologist [J], Journal of Experimental Social Psychology, 1999, 54 (2): 129-139.

[163] JACKSON J, WILLIAMS K. Social loafing on difficult tasks: working collectively can improve performance [J]. Journal of Personality and Social Psychology, 1985, 49 (4): 937-972.

[164] JONES E E, NISBETT R E. The actor and the observer: divergent perceptions of the causes of behavior [M]. New York: General Learning Press, 1971.

[165] JONES G. Task visibility, free riding, and shirking: explaining the effect of structure and technology on employee behavior [J]. Academy of Management Review, 1984, 9, (4): 684-695.

[166] JONES T M. Ethical decision making by individuals in organizations: an issue- contingent model [J]. Academy of Management Review, 1991, 16 (2): 366-395.

[167] JOHN O P. The "Big Five" factor taxonomy: dimensions of personality in the natural language and in questionnaires [M]. InPervin L A. (Ed.) Handbook of personality: theory and research. New York: Guilford Press, 1990

[168] JOHN O P, SRIVASTAVA S. The Big Five Trait taxonomy: history, measurement, and theoretical perspectives [M]. New York: Guilford Press, 1999.

[169] OHNSON J L, BLOOM A M. An analysis of the contribution of the five factors of personality to variance in academic procrastination [J]. Personality and Individual Differences, 1995, 18 (1): 127-133.

[170] JAMES L R, DEMAREE R G, WOLF G. Estimating within- group interrater reliability with and without response bias [J]. Journal of Applied Psychology, 1984, 69 (1): 85-98.

[171] JONES G R. Task visibility, free riding, and shirking: explaining the effect of structure and technology on employee behavior [J]. Academy of Management Review, 1984, 9 (4): 684 - 695.

[172] KARAU S J, HART J W. Group cohesiveness and social loafing: effects of a social interaction manipulation on individual motivation within groups [J]. Group Dynamics, 1998, 2 (3): 185-191.

[173] KARAU S J, WILLIAMS K D. 1993. Social loafing: a meta-analytic review and theoretical integration [J]. Journal of Personality and Social Psychology, 1993, 65 (4): 681-706.

[174] KARAU S J, WILLIAMS K D. The effects of group cohesiveness on social loafing and social compensation [J]. Group Dynamics: Theory, Research, and Practice, 1997, 1 (2): 156-168.

[175] KERR N L, BRUUN S E. Ringelmann revisited: alternative explanations for the social loafing effect [J]. Personality and Social Psychology Bulletin, 1981, 7 (2): 224-231.

[176] KARAU S J, WILLIAMS K D. Social loafing: a meta-analytic review and theoretical integration [J]. Journal of Personality and Social Psychology, 1993, 65 (4): 681-706.

[177] KIDWELL R E, BENNETT N. Employee propensity to withhold effort: a conceptual model to intersect three avenues of research [J]. Academy of Management Review, 1993, 18 (3): 429-456.

[178] KIDWELL R E, MOSSHOLDER K W, BENNETT N. Cohesiveness and organizational citizenship behavior: a multilevel analysis using work groups and individuals [J]. Journal of Management, 1997, 23 (6): 775-793.

[179] KELMAN H C. Violence without restraint: reflections on the dehumanization of victims and victimizers [M]. In KREN G M, RAPPOPORT L H (Eds.). Varieties of Psychohistory. New York: Springer, 1976: 282-314.

[180] KERR N. Motivation losses in small groups: a social dilemma analysis [J]. Journal of Personality and Social Psychology, 1983, 45 (4): 819-828.

[181] KIDWELL R E, BENNETT N. Employee propensity to withhold effort: a conceptual model to intersect three avenues of research [J]. Academy of Management Review, 1993, 18 (3): 429-456.

[182] KIESLER S, CUMMINGS J N. What do we know about proximity and distance in work groups? [M]. In HINDS P J, KIESLER S (Eds.). Distributed Work. Cambridge, MA: MIT Press, 2002: 57-80.

[183] LATANE B. The psychology of social impact [J]. American Psychologist, 1981, 36 (4): 343-356.

[184] LATANE B, DARLEY J M. The unresponsive bystander: why doesn't he help? [M]. New York: Appleton-Century-Crofts, 1970.

[185] LATANE B, WILLIAMS K, HARKINS S. Many hands make light the work: the causes and consequences of social loafing [J]. Journal of Personality and Social Psychology, 1979, 37 (6): 822-832.

[186] Latane B, Williams K, Harkins S. Many hands make light the work: the causes and consequences of social loafing [J]. Journal of Personality and Social Psychology, 1979, 37 (6): 822-832.

[187] LANDY F J, FARR J L. Performance rating [J]. Psychological Bulletin, 1980, 87 (1): 72-107.

[188] LATANÉ B, WILLIAMS K D, HARKINS S. Many hands make light the work: the causes and consequences of social loafing [J]. Journal of Personality and Social Psychology, 1979, 37 (6): 822-832.

[189] LAY C H. At last, my research article on procrastination [J]. Journal of Research in Personality, 1986, 20 (4): 474-495.

[190] LEARY M R, KOWALSKI R M. Impression management: a literature review and two-component model [J]. Psychological Bulletin, 1990, 107 (1): 34-47.

[191] LEYENS J P, RODRIGUEZ-PEREZ A, RODRIGUEZ-TORRES R, et al. Psychological essentialism and the differential attribution of uniquely human emotions to ingroups and outgroups [J]. European Journal of Social Psychology, 2001, 31 (4): 395-411.

[192] LAZEAR E P. Why is there mandatory retirement? [J] Journal of Political Economy, 1979, 87 (6): 1261-1284.

[193] LAZEAR E P, ROSEN S. Rank order tournaments as optimum labor contracts [J]. Journal of Political Economy, 1981, 89 (5): 841-864.

[194] LEPINE J A, VANDYNE L. Predicting voice behavior in workgroups [J]. Journal of Applied Pshychology, 1998, 83 (6): 853-868.

[195] LIANG J, FARH C C, FARH J L. Psychological antecedents of promotive and prohibitive voice: a two-wave examination [J]. Academy of Management Journal, 2012, 55 (1): 71-92.

[196] LIDEN R, GRAEN G. Generalizability of the vertical dyad linkage model of leadership [J]. Academy of Management Journal, 1980, 23 (3):

451-465.

[197] LIDEN R C, SPARROW R, WAYNE S. Leader- member exchange theory: the past and potential for the future [J]. Research in Personnel and Human Resource Management, 1997, 15: 47-149.

[198] LIDEN R C, WAYNE S J, SPARROWE R T. An examination of the mediating role of psychological empowerment on the relations between the job, interpersonal relationships, and work outcomes [J]. Journal of Applied Psychology, 2000, 85 (3): 407-416.

[199] LIN T, HUANG C. Understanding social loafing in knowledge contribution from the perspectives of justice and trust [J]. Expert Systems with Applications, 2009, 36 (3): 6156-6163.

[200] LIND M R. The gender impact of temporary virtual work groups [J]. IEEE Transactions on Professional Communication, 1999, 42 (4): 276-285.

[201] LIDEN R C, MASLYN J M. Multidimensionality of leader- member exchange: an empirical assessment through scale development [J]. Journal of Management, 1998, 24 (1): 43-72.

[202] LIDEN R C, WAYNE S J, STILWELL D. A longitudinal study on the early development of leader- member exchanges [J]. Journal of Applied Psychology, 1993, 78 (4): 662-674.

[203] LIU W, ZHU R, YANG Y. I warn you because I like you: voice behavior, employee identifications and transformational leadership [J]. The Leadership Quarterly, 2010, 21 (1): 189-202.

[204] LITTLEPAGE G E. Effects of group size and task characteristics on group performance: a test of Steiner´s model [J]. Personality and Social Psychology Bulletin, 1991, 17 (4): 449-456.

[205] LOCKE E. Generalizing from laboratory to field settings: research findings from industrial- organizational psychology, organizational behavior, and human resource management [M]. Lexington, MA: Lexington Books, 1986.

[206] LOHMOLLER J. Latent variable path modeling with partial least squares [M]. Heidelberg: Physica-Verlag, 1989.

[207] LOWE K B, KROECK K G, SIVASUBRAMANIAM N. Effectiveness of correlates of transformational and transactional leadership: ameta-analytic review of the MLQ literature [J]. Leadership Quarterly, 1996,

7 (3): 385-425.

[208] MARUPING L M, AGARWAL R. Managing team interpersonal processes through technology: a task-technology fit perspective [J]. Journal of Applied Psychology, 2004, 89 (6): 975-990.

[209] MARUPING L M, VENKATESH V, AGARWAL R. A control theory perspective on agile methodology use and changing user requirements [J]. Information Systems Research, 2009, 20 (3): 377-399.

[210] MANNING T T. Gender, managerial level, transformational leadership and work satisfaction [J]. Women In Management Review, 1985, 17 (17): 207-216.

[211] MARUPING L M, AGARWAL R. Managing team interpersonal processes through technology: a task-technology fit perspective [J]. Journal of Applied Psychology, 2004, 89 (6): 975-990.

[212] MAYO M, PASTOR J C, MEINDL J R. The effects of group heterogeneity on the self-perceived efficacy of group leaders [J]. Leadership Quarterly, 1996, 7 (2): 265-284.

[213] MCAVOY J, BUTLER T. Looking for a place to hide: a study of social loafing in agile teams [C]. In LJUNGBERG J AND ANDERSSON M (Eds.). Proceedings of the Fourteenth European Conference on Information Systems. Atlanta: Association for Information Systems, 2006: 596-607.

[214] MANZ C C, ANGLE H. Can group self-management mean a loss of personal control: Triangulating a paradox [J]. Group & Organization Studies, 1986, 11 (4): 309-334.

[215] MCDONOUGH E F, KAHN K B, BARCZAKA G. An investigation of the use of global, virtual, and colocated new product development teams [J]. Journal of Product Innovation Management, 2001, 18 (2): 110-120.

[216] MCCREA RR, COSTA P. A five-factor theory of personality [M] // PERVIN L A, JOHN O P (Eds). Handbook of personality: theory and research, 2nd edition. New York: Guilford Press, 1999.

[217] MCCREA R R, COSTA P. A five factor theory of personality [M] // JOHN O P, ROBINS R W, PERVIN L A (Eds). Handbook of personality. New York: Guilford Press, 2008: 159-181.

[218] MILGRAM S. Obedience to authority: an experimental view [J]. New

York: Tavistock, 1974.

[219] MIRANDA S M, BOSTROM R P. The impact of group support systems on group conflict and conflict management [J]. Journal of Management Information Systems, 1994, 10 (3): 63-95.

[220] MILES J A, KLEIN J J. Perception in consequences of free riding [J]. Psychological Reports, 2002, 90 (1): 215-225.

[221] MITCHELL T R, ROTHMAN M, LIDEN R C. The effects of normative information on task performance [J]. Journal of Applied Psychology, 1985, 70 (1): 48-55.

[222] MILLIKEN F J, MORRISON E W, HEWLIN P F. An exploratory study of employee silence: issues that employees don't communicate upward and why [J]. Journal of Management Studies, 2003, 40 (6): 1453-1476.

[223] MILLIKEN F J, MORRISON E W. Shades of silence: emerging themes and future directions for research on silence in organizations [J]. Journal of Management Studies, 2003, 40 (6): 1563-1568.

[224] MORRISON E W, MILLIKEN F J. Organizational silence: a barrier to change and development in a pluralistic world [J]. Academy of Management Review, 2000, 25 (4): 706-725.

[225] MORRISON E W, MILLIKEN F J. Speaking up, remaining silent: the dynamics of voice & silence in organizations [J]. Journal of Management Studies, 2003, 40 (6): 1353-1358.

[226] MONTAGU A, MATSON F W. The Dehumanization of Man [J]. New York: McGraw-Hill, 1983.

[227] MOORE C. Moral disengagement in processes of organizational corruption [J]. Journal of Business Ethics, 2008, 80 (1): 129-139.

[228] MUDRACK P E. Group cohesiveness and productivity: a closer look [J]. Human Relations, 1989, 42 (9): 771-785.

[229] MULVEY P W, BOWES- SPERRY L, KLEIN H J. The effects of perceived loafing and defensive impressionmanagement on group effectiveness [J]. Small Group Research, 1998, 29 (3): 394-415.

[230] MULVEY P W, KLEIN H J. The impact of perceived loafing and collective efficacy on group goal processes and group performance [J]. Organizational Behavior & Human Decision Processes, 1998, 74 (1): 62-87.

[231] MURPHY S K, WAYNE S J, LIDEN R C, et al. Understanding social loafing: the role of justice perceptions and exchange relationships [J]. Human Relations, 2003, 56 (1): 61-84.

[232] NEAR J P, MICELI M P. Organizational dissidence: the case of whistle-blowing [J]. Journal of Business Ethics, 1985, 4 (1): 1-16.

[233] NEMETH C J. Managing innovation: when less is more [J]. California Management Review, 1997, 40 (1): 59-74.

[234] NIKOLAOU I, VAKOLA M, BOURANTAS D. Who speaks up at work? Dispositional influences on employees' voice behavior [J]. Personnel Review, 2013, 37 (6): 666-679.

[235] NISSENBAUM H, WALKER D. Will computers dehumanize education? A grounded approach to values at risk [J]. Technology in Society, 1998, 20 (3): 237-273.

[236] NOELLE-NEUMANN E. The spiral of silence: a theory of public opinion [J]. Journal of Communication, 2006, 24 (3): 43-51.

[237] O' CONNOR J, MUMFORD M, CLIFTON T, et al. Charismatic leaders and destructiveness: An historiometric study [J]. The Leadership Quarterly, 1995, 6 (4): 529-555.

[238] O' REILLY C A, CALDWELL D F, BARNETT W P. Work group demography, social integration, and turnover [J]. Administrative Science Quarterly, 1989, 34 (1): 21-37.

[239] OZARALLI N. Effects of transformational leadership on empowerment and team effectiveness [J]. Leadership & Organization Development Journal, 2003, 24 (6): 335-344.

[240] PADILLA A, HOGAN R, KAISER R B. The toxic triangle: destructive leaders, susceptible followers and conducive environments [J]. The Leadership Quarterly, 2007, 18 (3): 176-194.

[241] PAWAR B S, EASTMAN K K. The nature and implications of contextual influences on transformational leadership: a conceptual examination [J]. Academy of management Review, 1997, 22 (1): 80-109.

[242] PETTY R E, HARKINS S G, WILLIAMS K, D, et al. The effects of group size on cognitive effort and evaluation [J]. Personality and Social Psychology Bulletin, 1977, 3 (4): 579-582.

[243] PEARCE J L, GREGERSEN H B. Task interdependence and extrarole behavior: a test of the mediating effects of felt responsibility [J].

Journal of Applied Psychology, 1991, 76 (6): 838-844.

[244] PIERCE J L, GARDNER D G, CUMMINGS L L, et al. Organization-based self-esteem: construct definition measurement and validation [J]. Academy of Management Journal, 1989, 32 (3): 625-638.

[245] PIERCE J L, GARDEN D G. Self-esteem within the work and organizational context: a review of the organization-based self-esteem literature [J]. Journal of Management, 2004, 30 (5): 591-622.

[246] PIERCE J L, GARDNER D G, Dunham R B, et al. Moderation by organization-based self-esteem of role condition-employee response relationships [J]. Academy of Management Journal, 1993, 36 (2): 271-288.

[247] PINDER C C, HARLOS H P. Employee silence: quiescence and acquiescence as response to perceived injustice [J]. Research in personnel & human resources management, 2001, 20: 331-369.

[248] PINSONNEAULT A, BARKI H, GALLUPE R B, et al. Electronic brainstorming: the illusion of productivity [J]. Information Systems Research, 1999, 10 (2): 110-133.

[249] POSTMES T, SPEARS R. Deindividuation and antinormative behavior: a meta-analysis [J]. Psychological Bulletin, 1998, 123 (3): 238-259.

[250] POWELL A, PICCOLI G, IVES B. Virtual teams: a review of current literature and directions for future research [J]. Database for Advances in Information Systems, 2004, 35 (1): 6-36.

[251] PODSAKOFF P M, MACKENZIE S B, MOORMAN R H, et al. Transformational leader behaviors and their effects on followers' trust in leader, satisfaction and organizational citizenship behaviors [J]. Leadership Quarterly, 1990, 1 (2): 107-142.

[252] PREMEAUX S F, BEDEIAN A G. Breaking the silence: the moderating effects of self-monitoring in predicting speaking up in the workplace [J]. Journal of Management Studies, 2003, 40 (6): 1537-1562.

[253] PRICE K H. Decision responsibility, task responsibility, identifiability, and social loafing [J]. Organizational Behavior and Human Decision Processes, 1987, 40 (3): 330-345.

[254] PRICE K H, HARRISON D A, GAVIN J H. Withholding inputs in team contexts: member composition, interaction processes, evaluation structure, and social loafing [J]. Journal of Applied Psychology,

2006, 91 (6): 1375-1384.

[255] PYCHYL T A, BINDER K. A project-analytic perspective on academic procrastination and intervention [C]. In SCHOUWENBURG H C, LAY C, PYCHYL T A, FERRARI J R (Eds.). Counseling the procrastinator in academic contexts. Washington, DC: American Psychological Association, 2004.

[256] PYMAN A, COOPER B, TEICHER J, et al. A comparison of the effectiveness of employee voice arrangements in Australia [J]. Industrial Relations Journal, 2006, 37 (5): 356-383.

[257] REINIG B A, SHIN B. The dynamic effects of group support systems on group meetings [J]. Journal of Management Information Systems, 2002, 19 (2): 303-325.

[258] REINIG B A, BRIGGS R, NUNAMAKER J F Jr. On the measurement of ideation quality [J]. Journal of Management Information Systems, 2007, 23, (4): 143-161.

[259] REMUS W. Will behavioral research on managerial decision making generalize to managers? [J] Managerial and Decision Economics, 1996, 17 (1): 93-101.

[260] REDDING W C. Rocking boats, blowing whistles, and teaching speech & communication [J]. Communication Education, 1985, 34 (3): 245-258.

[261] RICHARDSON H, VANDENBERG R. Integrating managerial perceptions and transformational leadership into a work-unit level model of employee involvement [J]. Journal of Organizational Behavior, 2005, 26 (5): 561-589.

[262] RINGELMANN M. Research on animate sources of power: the work of man [J]. Annales de L' Insitut National Agronomique, 1913, 12: 1-40.

[263] RICE R, LOVE G. Electronic emotion: Socioemotional content in a computer- mediated communication network [J]. Communication Research, 1987, 14 (1) : 85-108.

[264] RIOPELLE K, GLUESING J, ALCORDO T, et al. Context, task, and the evolution of technology use in global virtual teams [M]. In GIBSON C B, COHEN S G (Eds.). Virtual Teams That Work. Hoboken, NJ: Jossey-Bass, 2003: 239-264.

[265] ROBERT L P JR, DENNIS A R, AHUJA M K. Social capital and

knowledge integration in digitally enabled teams [J]. Information Systems Research, 2008, 19 (3): 314-334.

[266] ROBERT LP JR. , DENNIS A R, HUNG Y C. Individual swift trust and knowledge-based trust in face-to-face and virtual team member [J]. Journal of Management Information Systems, 2009, 26 (2): 241-279.

[267] Rogers M K. A social learning theory and moral disengagement analysis of criminal computer behavior: an exploratory study [D]. University of Manitoba, 2001.

[268] ROBINSON S L, O' LEARY-KELLY A M. Monkey see, monkey do: the influence of work groups on the antisocial behavior of employees [J]. Academy of Management Journal, 1998, 41 (6): 658-672.

[269] ROUSSEAU D M. Issues of level in organizational research: multi-level and cross-level perspectives [J]. Research in Organizational Behavior, 1985, 7: 1-37.

[270] ROSENIHAL S A, PITTINSKYA T L. Narcissistic leadership [J]. The Leadership Quarterly, 2006, 17 (6): 617-633.

[271] ROWOLD J, HEINITZ K. Transformational and charismatic leadership: assessing the convergent, divergent and criterion validity of the MLQ and the CKS [J]. The Leadership Quarterly, 2007, 18 (2): 121-133.

[272] SANTANEN E L, BRIGGS R O, DE VREEDE G. Causal relationships in creative problem solving: comparing facilitation interventions for ideation [J]. Journal of Management Information Systems, 2004, 20 (4): 167-198.

[273] SATO K. Trust and group size in a social dilemma [J]. Japanese Psychological Research, 1988, 30 (2): 88-93.

[274] SAUNDERS D M, SHEPPARD B H, KNIGHT V, et al. Employee voice to supervisors [J]. Employee Rights & Responsibilities Journal, 1992, 5 (3): 241-259.

[275] SCHWARTZ S H, CLAUSEN G T. Responsibility, norms, and helping in an emergency [J]. Journal of Personality and Social Psychology, 1970, 16 (2): 299-310.

[276] SCHWARTZ S H, STRUCH N. Values, stereotypes, and intergroup antagonism [M]. In BAR-TAL D, GRAUNMAN C F, KRUGLANSKI A W, et al. (Eds.) Stereotyping and prejudice: changing conceptions [J]. New York: Springer-Verlag, 1989: 151-168.

[277] SCHER S, FERRARI J R. The recall of completed and noncompleted tasks through daily logs to measure procrastination [J]. Journal of Social Behavior and Personality, 2000, 15 (5): 255-265.

[278] SCHOUWENBURG H C, Lay C H. Trait procrastination and the big-five factors of personality [J]. Personality and Individual Differences, 1995, 18 (4): 481-490.

[279] SEARLE J R. Rationality in action [M]. Cambridge: MIT Press, 2001.

[280] SCHNAKE M. Equity in effort: the 'sucker effect' in coacting groups [J]. Journal of Management, 1991, 17 (1): 41-56.

[281] SCHAUBROECK J, LAM S S K, CHA S A. Embracing transformational leadership: team values and the impact of leader behavior on team performance [J]. Journal of Applied Psychology, 2007, 92 (4): 1020-1030.

[282] SCHRIESHEIM C A, CASTROB S L, COGLISERC C C. Leader-member exchange (LMX) research: a comprehensive review of theory, measurement, and data- analytic practices [J]. The Leadership Quarterly, 1999, 10 (1): 63-113.

[283] SCHWARZER R, BABLER J, KWIATEK P, et al. The assessment of optimistic self - beliefs: comparison of the German, Spanish, and Chinese version of the general self - efficacy scale [J]. Applied Psychology: An International Review, 1997, 46 (1): 69-88.

[284] SHARDA R, BARR S H, MCDONNELL J C. Decision support system effectiveness: a review and an empirical test [J]. Management Science, 1988, 34 (2): 139-159.

[285] SHAO L, WEBBER S. A cross-cultural test of the 'five-factor model of personality and transformational leadership' [J]. Journal of Business Research, 2006, 59 (8): 936-944.

[286] SHAW M E. Group dynamics: the psychology of small group behavior [M]. New York: McGraw-Hill, 1981.

[287] SHEPHERD M M, BRIGGS R O, REINIG B A, et al. Invoking social comparison to improve electronic brainstorming: beyond anonymity [J]. Journal of Management Information Systems, Winter 1995/1996, 12 (3): 155-170.

[288] SHARNIR B, KARK R A. A single - item graphic scale for the measurement of organizational identification [J]. Journal of

occupational and organizational Psychology, 2004, 77 (1): 115-123.

[289] SHERER M, MADDUX J E, MERCANTE B, et al. Theself- efficacy scale: Construction and Validation [J]. Psychological Reports, 1982, 51 (2): 663-671.

[290] SHIN S J, ZHOU J. Transformational leadership, conservation, and creativity: evidence from Korea [J]. Academy of Management Journal, 2003, 46 (6): 703-714.

[291] SHEA G P, GUZZO R A. Groups as human resources [J]. Research in Personnel and Human Resources Management, 1987, 5: 323-356.

[292] SHEPPARD J A. Productivity loss in performance groups: a motivation analysis [J]. Psychological Bulletin, 1993, 113 (1): 67-81.

[293] SHEPPARD J A, TAYLOR K M. Social loafing and expectancy - value theory [J]. Personality and Social Psychology Bulletin, 2001, 25 (9): 1147-1158.

[294] SKARLICKI D P, FOLGER R. Retaliation in the workplace: the roles of distributive, procedural, and interactional justice [J]. Journal of Applied Psychology, 1997, 82 (3): 434-443.

[295] SMITH C A, ORGAN D W, NEAR J P. Organizational citizenship behavior: its nature and antecedents [J]. Journal of Applied Psychology, 1983, 68 (4): 653-663.

[296] SMITH K G, SMITH K A, OLIAN J D, et al. Top management team demography and process: the role of social integration and communication [J]. Administrative Science Quarterly, 1994, 39 (3): 412-438.

[297] SMITH B N, KERR N A, MARKUS M J, et al. Individual differences in social loafing: need for cognition as a motivator in collective performance [J]. Group Dynamics: Theory, Research, and Practice, 2001, 5 (2): 150-158.

[298] SNIJDERS T J, BOSKER R J. Modeled variance in two - level models [J]. Sociological Methods and Research, 1994, 22 (3): 342-363.

[299] SOLOMON L J, ROTHBLUM E D. Academic procrastination: frequency and cognitive- behavioral correlates [J]. Journal of Counseling Psychology, 1984, 31 (4): 503-509.

[300] SORRENTINO R M, SHEPPARD B H. Effects of affiliation - related motives on swimmers in individual versus group competition: a field

experiment [J]. Journal of Personality and Social Psychology, 1978, 36 (7): 704-714.

[301] SORKIN R D, HAYS C J, WEST R. Signal-detection analysis of group decision making [J]. Psychological Review, 2001, 108 (1): 183-203.

[302] SPARROWE R T, LIDEN R C. Process and structure in leader-member exchange [J]. The Academy of Management Review, 1997, 22 (2): 522-552.

[303] SPRAGUE J, RUUD G L. Boat-rocking in the high-technology culture [J]. American Behavioral Scientist, 1988, 32 (2): 169-193.

[304] SPREITZER G M, KIZILOS M A, NASON S W. A dimensional analysis of the relationship between psychological empowerment and effectiveness, satisfaction, and strain [J]. Journal of Management, 1997, 23 (5): 679-704.

[305] SPREITZER G M. Psychological empowerment in the workplace: Dimensions, measurement, and validation [J]. Academy of Management Journal, 1995, 38 (5): 1442-1465.

[306] SPROULL L, KIESLER S. Reducing social context cues: electronic mail in organizational communication [J]. Management Science, 1988, 32 (11): 1492-1512.

[307] STEEL P. The nature of procrastination: a meta-analytic and theoretical review of quintessential self-regulatory failure [J]. Psychological Bulletin, 2007, 133 (1): 65-94.

[308] STRAUB D W. Validating instruments in MIS research [J]. MIS Quarterly, 1989, 13 (2): 147-169.

[309] SULEIMAN J, WATSON R. Social loafing in technology-supported teams [J]. Computer Supported Cooperative Work, 2008, 17 (4): 291-309.

[310] SZYMANSKI K, HARKINS S. Social loafing and self-evaluation with a social standard [J]. Journal of Personality and Social Psychology, 1987, 53 (5): 891-897.

[311] TATA J. The influence of accounts on perceived social loafing in work teams [J]. International Journal of Conflict Management, 2002, 13 (3): 292-308.

[312] TAJFEL H, TURNER J C. The social identity theory of intergroup behavior [M]. In WORCHEL S, AUSTIN W G (Eds). Psychology of

intergroup relation, Chicago: Nelson-Hall, 1986: 7-24.

[313] TANG T L, IBRAHIM A H S. Antecedents of organizational citizenship behavior revisited: public personnel in the United States and in the Middle East [J]. Public Personnel Management, 1998, 27 (4): 529-549.

[314] TANG T L, SINGER M G, ROBERTS S. Employees' perceived organizational instrumentality: an examination of the gender differences [J]. Journal of Managerial Psychology, 2000, 15 (5): 378-406.

[315] TANGIRALA S, RAMANUJAM R. Exploring nonlinearity in employee voice: the effects of personal control and organizational identification [J]. Academy of Management Journal, 2008, 51 (6): 1189-1203.

[316] TEPPER B J. Consequences of abusive supervision [J]. Academy of Management Journal, 2000, 43 (2): 178-190.

[317] TEPPER B J. Abusive supervision in work organization: review, synthesis and research agenda [J]. Journal of Management, 2007, 33 (6): 261-289.

[318] TEPPER B J, CARR J C, BREAUX D M, et al. Abusive supervision, intentions to quit, and employees' work place deviance: a power/dependence analysis [J]. Organizational Behavior and Human Decision Processes, 2009, 109 (2): 156-167.

[319] TEPPER B J, DUFFY M K, HOOBLER J, et al. Moderators of the relationships between coworkers' organizational citizenship behavior and fellow employees' attitudes [J]. Journal of Applied Psychology, 2004, 89 (3): 455-465.

[320] TEPPER B J, DUFFY M K, HENLE C A, et al. Procedural injustice, victim precipitation, and abusive supervision [J]. Personnel Psychology, 2006, 59 (1): 101-123.

[321] TERRY D J, HOGG M A. Group norms and the attitude - behavior relationship: a role for group identification [J]. Personality & Social Psychology Bulletin, 1996, 22 (8): 776-793.

[322] VALACICH J S, DENNIS A R, NUNAMAKER J F Jr. Group size and anonymity effects on computer-mediated idea generation [J]. Small Group Research, 1992, 23 (1): 49-73.

[323] VALACICH J S, GEORGE J F, NUNAMAKER J F Jr, et al. Physical proximity effects on computer - mediated group idea generation [J].

Small Group Research, 1994, 25（1）: 83-104.

[324] VALACICH J S, WHEELER B C, MENNECKE B E, et al. The effects of numerical and logical group size on computer-mediated idea generation [J]. Organizational Behavior and Human Decision Processes, 1995, 62 (3): 318-329.

[325] VAN DYNE L, LEPINE J A. Helping and voice extra-role behaviors: evidence of construct and predictive validity [J]. Academy of Management Journal, 1998, 41 (1): 108-119.

[326] VAN DYNE L, ANG S, BOTERO I C. Conceptualizing employee silence and employee voice as multidimensional constructs [J]. Journal of Management Studies, 2003, 40 (6): 1359-1392.

[327] VAN DYNE L, KAMDAR D, JOIREMAN J. In-role perceptions buffer the negative impact of low LMX on helping and enhance the positive impact of high LMX on voice [J]. Journal of Applied Psychology, 2008, 93 (6): 1195-1207.

[328] VAN SCOTTER J R. Interpersonal facilitation and job dedication as separate facets of contextual performance [J]. Journal of Applied Psychology, 1996, 81 (5): 525-531.

[329] VISWESVARAN C, ONES D S. Perspectives on Models of job performance [J]. International Journal of Selection and Assessment, 2000, 8 (4): 216-226.

[330] VOLLUM S, BUFFINGTON- VOLLUM J, LONGMIRE D R. Moral disengagement and attitudes about violence toward animals [J]. Society and Animals, 2004, 12 (3): 209-235.

[331] VRENDENBURGH D, BRENDER Y. The hierarchical abuse of power in work organization [J]. Journal of Business Ethics, 1998, 17 (12): 1337-1347.

[332] WAGNER J A. Studies of individualism/collectivism: effects on cooperation in groups [J]. Academy of Management Journal, 1995, 38 (1): 152-172.

[333] WALTHER J B, BAZAROVA N N. Misattribution in virtual groups: the effects of member distribution on self- serving bias and partner blame [J]. Human Communication Research, 2007, 33 (1): 1-26.

[334] WATSON R T. A study of group decision support system use in three and four - person groups for a preference allocation decision [D].

University of Minnesota, Minneapolis, 1987.

[335] WAYNE S J, SHORE L M, LIDEN R C. Perceived organizational support and leader-member exchange: a social exchange perspective [J]. Academy of Management Journal, 1997, 40 (40): 82-111.

[336] WALUMBWA F O, WANG P, LAWLER J J. The role of collective efficacy in the relations between transformational leadership and work outcomes [J]. Journal of Occupational and Organizational Psychology, 2004, 77 (4): 515-530.

[337] WALUMBWA F O, LAWLER J J, AVOLIO B J. Transformational leadership and work - related attitudes: the moderating effects of collective and self-efficacy across culture [J]. Journal of Leadership and Organizational Studies, 2005, 11 (3): 2-16.

[338] WANG H, LAW K S, HACKETT R D. Leader-member exchange as a mediator of the relationship between transformational leadership and followers' performance and organizational citizenship behavior [J]. Academy of Management Journal, 2005, 48 (3): 420-432.

[339] WANG L, HUANG J, CHU X, et al. A multilevel study on antecedents of manager voice in Chinese context [J]. Chinese Management Studies, 2010, 4 (3): 212-230.

[340] WAYNE S J, SHORE L M, LIDEN R C. Perceived organizational support and leader-member exchange: a social exchange perspective [J]. Academy of Management Journal, 1997, 40 (40): 82-111.

[341] WATSON D C. Procrastination and the five-factor model: a facet level analysis [J]. Personality and Individual Differences, 2001, 30 (1): 149-158.

[342] WELBOURNE T M, BALKIN D B, GOMEZ-MEJIA L R. Gainsharing and mutual monitoring: a combined agency - organizational justice interpretation [J]. Academy of Management Journal, 1995, 38 (3): 881-899.

[343] WELDON E, GARGANO G M. Cognitive loafing: the effects of accountability and shared responsibility on cognitive effort [J]. Personality and Social Psychology Bulletin, 1988, 14 (1): 159-171.

[344] WEI G T Y, ALBRIGHT R R. Correlates of organisation - based self - esteem: an empirical study of U. S. coast guard cadets [J]. International Journal of Management, 1998, 15 (2): 218-225.

[345] WILLIAMS L J, ANDERSO S E. Job Satisfaction and organizational commitment as predictors of organizational citizenship and in‐role behaviors [J]. Journal of Management, 1991, 17 (3): 601-617.

[346] WITHEY M J, COOPER W H. Predicting exit, voice, loyalty, and neglect [J]. Administrative Science Quarterly, 1989, 34 (4): 521-539.

[347] WIERSEMA M F, BANTEL K A. Top management team demography and corporate strategic change [J]. Academy of Management Journal, 1992, 35 (1): 91-121.

[348] WILLIAMS K D, HARKINS S, LATANE B. Identifiability as a deterrent to social loaf‐ ing: two cheering experiments [J]. Journal of Personality and Social Psychology, 1981, 40 (2): 303-311.

[349] WILLIAMS KD, NIDA S A, BACA L D, et al. Social loafing and swimming: effects of identifiability on individual and relay performance of intercollegiate swimmers [J]. Basic and Applied Social Psychology, 1989, 10 (1): 73-81.

[350] WILLIAMS K D, HARKINS S, LATANÉ B. Identifiability as a deterrant to social loafing: two cheering experiments [J]. Journal of Personality and Social Psychology, 1981, 40 (2): 303-311.

[351] WILLIAMS K D, KARAU S J. Social loafing and social compensation: the effects of expectations of co‐worker performance [J]. Journal of Personality and Social Psychology, 1991, 61 (4): 570-581.

[352] WILLIAMS K D, SOMMER K L. Social ostracism by coworkers: does rejection lead to loafing or compensation? [J]. Personality and Social Psychology Bulletin, 1997, 23 (7): 693-706.

[353] WILLIAMSON O. Markets and hierarchies [M]. New York: Free Press, 1975.

[354] WOFFORD J C, WHITTINGTON J L, GOODWIN V L. Follower motive patterns as situational moderators for transformational leadership effectiveness [J]. Journal of Managerial Issues, 2001, 13 (2): 196-211.

[355] WU L, ZHU R, YANG H. I warn you because I like you: voice behavior, employee identifications, and transformational leadership [J]. Leadership Quarterly, 2010, 21 (1): 189-202.

[356] WU T Y, HU C. Abusive supervision and employee emotional

exhaustion：dispositional antecedents and boundaries ［J］. Group and Organization Management，2009，34（2）: 143-169.

［357］ ZACCARO S J, PETERSON C, WALKER S. Self-serving attributions for individual and group performance ［J］. Social Psychology Quarterly, 1987, 50 (3): 257-263.

［358］ ZENGER T R, LAWRENCE B S. Organizational demography: the differential effects of age and tenure distributions on technical communication ［J］. Academy of Management Journal, 1989, 32 (2): 353-376.

［359］ ZELLARS K L, TEPPER B J, DUFFY M K. Abusive supervision and subordinates' organizational citizenship behavior ［J］. Journal of Applied Psychology, 2002, 87 (6): 1068-1076.

［360］ ZIGURS I, POOLE M, DESANCTIS G. A study of influence in computer-mediated group decision making ［J］. MIS Quarterly, 1988, 12 (4): 625-644.

附录

一、问卷发放说明

您好!非常感谢您协助组织此次问卷调查。首先,请您在组织问卷填写之前,注意以下事项:

1. 问卷分为"主管问卷"和"员工问卷"。其中"主管问卷"由您本人并组织您的下属填写,或由您安排您单位的部门领导(或负责人)填写,部门领导再随机选择下属参与问卷填写,您与部门领导分别要对选取参与问卷的员工进行评价,"员工问卷"由部门领导随机选择下属(一般为 5 ~ 10 位)填写。

2. 根据您管辖范围内下属的人员数量、个体特征等情况,尽量确保随机性,保证员工人选性别、年龄、岗位、所处地域等的异质性(不同性)。

3. 在正式填写问卷前,请向员工解释本研究的匿名性,仅为学术研究所用,不会对其本人的工作、领导的评价等产生任何影响。

4. 根据编码规则在需要您和员工填写的空白问卷右上角"编号"处填写相对应的编码。

5. 上级问卷，第 1 页（基本信息）您与部门领导只填一次，第 2、3 页有几个下属参与问卷，就填写几份（对下属进行评价）。

6. 最终的问卷是配对研究，一个下属必然有一个领导，一个领导可有不同个下属。也就是，每一个参与问卷调查的员工，他的直接领导或部门主管要对他作出评价，填写上级问卷。

附：编码表示例，见表 A-1。

表 A-1   编码表示例

部门 \ 级	上级			员工		
	姓名	编号	问卷编号	姓名	编号	问卷编号
X公司	部门A 上级1	1	SJ1-1	赵	1	YG1-1
			SJ1-2	钱	2	YG1-2
			……	……	……	……
	部门B 上级2	2	SJ2-1	孙	1	YG2-1
			SJ2-2	李	2	YG2-2
			……	……	……	……

二、主管问卷

单位编号：

（备注：假如您的单位为"中国银行"，那么编号为汉语拼音首字母缩写，即 ZGYH）

尊敬的女士／先生：

您好！

本问卷采用匿名作答的方式填写，您所参与问卷填写的信息对研究者之外的任何人严格保密，绝不另作他用或向第三方披露，请您对问卷的内容如实填写。您的答案无对错之分，能表达自己真实的想法即可。如以纸质版方式填写，请直接在您的选择对应的数字后打"√"；如以电子版方式填写，直接在所对应的数字下面填写"Y"。

"主管问卷"由您本人或部门主管填写，关于第一部分的基本信息（即页码第 1 页），您只需填写一次，第二部分的问卷信息，您作为领导或上级所管理的下属有几个人就填写几份（此问卷是您对下属的评价），并且给每一个员工不同的编号，编号规则见问卷发放说明。

您的参与将有助于本研究顺利完成，对您的支持和帮助我表示衷心的谢意！

第一部分：基本信息

关于您的背景信息，请在合适的选项后打"√"。

1. 您的性别：①男 ②女

2. 您的年龄：①25 岁及以下 ②26～35 岁 ③36～45 岁 ④46～55 岁 ⑤56 岁及以上

3. 您的文化程度：①大专以下 ②大专 ③本科 ④硕士研究生 ⑤博士研究生

4. 您所在机构的性质：①国有企业 ②民营企业 ③合资企业 ④事业单位 ⑤政府机关

5. 您属于何种行业：①加工与制造行业 ②服务型行业 ③贸易型行业 ④其他

6. 您的工作性质：①生产岗 ②销售岗 ③技术岗 ④管理岗 ⑤研发岗

7. 您的职位级别：①基层管理人员 ②中层管理人员 ③高层管理人员

8. 您在贵单位的工作年限：①1 年以下 ②1～3 年 ③3～5 年 ④5～10 年 ⑤10 年以上

第二部分：问卷信息

问卷编号：

备注：本问卷采用五点式量表，如表 A-2 所示，"1"至"5"代表

五种程度，请直接在表 A-3 至表 A-5 中与您的选择对应的数字后打
"√" 或在与您的选择对应的数字那一栏填写 "Y"。

表 A-2   **五点式量表**

1	2	3	4	5
非常满意	满意	一般	不满意	非常不满意
非常同意	同意	普通	不同意	非常不同意

表 A-3   **主管问卷（一）**

编号	项目	1	2	3	4	5
S01	向团队其他成员推卸他/她应承担的责任					
S02	当有其他成员在做这个工作时，他/她就减少自己的努力					
S03	不愿意与他人共同承担工作					
S04	如果团队其他成员在为顾客服务，他/她就不愿多花时间帮助顾客					
S05	比团队中的其他成员出力少					
S06	尽可能地逃避工作任务					
S07	本应该现在完成的工作总是推到以后					
S08	一件工作如果其他人能做，他/她就做得少了					
S09	如果其他成员在分担工作，他/她就放松了					
S10	如果其他人在场，他/她就把工作推给其他人					

表 A-4   **主管问卷（二）**

编号	项目	1	2	3	4	5
R01	他/她的工作数量高于一般水平					
R02	他/她的工作质量明显高于一般水平					
R03	他/她的工作效率明显高于一般水平					
R04	他/她的工作质量标准远远高于该岗位规定的水平					
R05	他/她努力实现高于被要求的工作质量					
R06	他/她坚持最高的职业标准					
R07	他/她完成核心工作任务的能力					
R08	他/她在完成核心工作任务时的判断能力					
R09	他/她在完成核心工作任务时的准确性					
R10	他/她对核心工作任务所掌握的知识					
R11	他/她在完成核心工作任务时的创造力					

表 A-5   **主管问卷（三）**

编号	项目	1	2	3	4	5
Z01	他/她主动执行不属于本职工作的任务					
Z02	他/她在工作时表现出超常的工作热情					
Z03	他/她在工作时帮助别人并与别人合作					
Z04	他/她严格执行组织的规章制度					
Z05	他/她支持并维护组织目标					
Z06	他/她工作上自律自制					

问卷到此结束，再次感谢您的合作！

为了保护您的个人隐私，请您将纸质问卷放回信封，封好后交给项目联系人，或者填好电子版问卷后直接发送给研究者本人。

三、员工问卷

单位编号：

（备注：假如您的单位为"中国银行"，那么编号为汉语拼音首字母缩写，即 ZGYH）

问卷编号：

尊敬的女士／先生：

您好！

本问卷采用匿名作答的方式填写，您所提供的信息对研究者之外的任何人严格保密，绝不另作他用或向第三方披露，请您对问卷的内容如实填写。您的答案无对错之分，能表达自己真实的想法即可。如以纸质版填写，请直接在与您的选择对应的数字后打"√"；如以电子版填写，请直接在与您的选择对应的数字下面填写"Y"。

您的参与将有助于本研究顺利完成，对您的支持和帮助我表示衷心的谢意！

第一部分：基本信息

关于您的背景信息，请在合适的选项后打"√"。

1. 您的性别：①男 ②女

2. 您的年龄：①25 岁及以下 ②26～35 岁 ③36～45 岁 ④46～55 岁 ⑤56 岁及以上

3. 您的文化程度：①大专以下 ②大专 ③本科 ④硕士研究生 ⑤博士研究生

4. 您所在机构的性质：①国有企业 ②民营企业 ③合资企业 ④事业单位 ⑤政府机关

5. 您的行业性质：①加工与制造行业 ②服务型行业 ③贸易型行业 ④其他

6. 您的工作性质：①生产岗 ②销售岗 ③技术岗 ④管理岗 ⑤研发岗

7. 您的职位级别：①一般员工 ②基层管理人员 ③中层管理人员

8. 您在贵单位的工作年限：①1 年以下 ②1～3 年 ③3～5 年 ④5～10 年 ⑤10 年以上

第二部分：问卷信息

备注：本问卷采用五点式量表，如表 A-6 所示，"1"至"5"代表五种程度，请直接在表 A-7 至表 A-9 中与您的选择对应的数字后打"√"或在与您的选择对应的数字那一栏填写"Y"。

表 A-6　　　　　　　　　　　五点式量表

1	2	3	4	5
非常满意	满意	一般	不满意	非常不满意
非常同意	同意	普通	不同意	非常不同意

表 A-7　　　　　　　　　　　员工问卷（一）

编号	项目	1	2	3	4	5
R01	对团队目标的实现我只承担有限的责任					
R02	如果小组成员只承担任务的一部分而没有完成好，受到责备是不公平的					
R03	实现团队目标是我们共同的责任					
R04	认为同伴也没有完成好工作					
R05	对团队目标的实现我应承担很大的责任					
C01	如果一部分团队成员表现不好，那么其余人也将抑制自己的努力					
C02	如果组内其他成员不尽力工作，我不出力也不为过					
C03	如果我所在的团队没有完成好工作，会影响到其他团队					
D01	对于工作任务，我觉得我对其他人没有任何影响					
D02	我感觉到我是对着机器工作而不是人					
D03	其他团队成员对工作也很冷漠					
D04	我并没有感觉到团队成员间的互相影响					

表 A-8　　　　　　　　　　员工问卷（二）

编号	项目	1	2	3	4	5
V01	当任务不能被上级或同伴看到时，我觉得尽力也不会得到好处，不尽力也不会得到处罚					
V02	我觉得我的努力与其他人的努力不好区分					
V03	我的主管知道我所做的一切工作					
V04	如果我工作偷懒，主管就会发现					
V05	如果我的工作低于平均水平，主管就会发现					
V06	不管我多么努力工作，我的主管很难识别我的工作					
I01	我的工作与其他人联系紧密					
I02	我必须与其他人共同努力完成工作					
I03	对我的工作表现的评估取决于其他人					
I04	我所做的工作对其他人有影响					
I05	我的工作要求我与其他人经常进行公平的协商					
I06	我的工作相当独立					
I07	我开展我的工作很少需要协调其他人					
I08	我不知道其他人完成工作的情况					
I09	为了完成工作，我需要与很多人沟通					
I10	我的工作经常需要给其他工作提供信息和建议					
I11	我的工作与其他人相比是很独立的					

表 A-9　　　　　　　　　员工问卷（三）

编号	项目	1	2	3	4	5
Z01	分配给我的工作日程或安排是公平的					
Z02	我认为我的收入水平是公平的					
Z03	我认为分配给我的工作量是公平的					
Z04	我觉得分配给我的工作职责是公平的					
Z05	组织是在一种无偏见状态下进行决策的					
Z06	组织在决策前会充分收集正确的信息					
Z07	组织在决策前会倾听员工的意见					
Z08	当下级提出申请时，上级会阐明一些关于决策的补充信息					
Z09	组织的决策对所有员工都是适用的					

索引

后记

王国维在《人间词话》中曾对苦涩的治学道路进行了诗意的概括："古今成大事业、大学问者，罔不经过三种之境界：'昨夜西风凋碧树，独上高楼，望尽天涯路。'此第一境界也。'衣带渐宽终不悔，为伊消得人憔悴。'此第二境界也。'众里寻他千百度，蓦然回首，那人正在灯火阑珊处。'此第三境界也。""未有不阅第一第二阶级而能遽跻第三阶级者"。可见做学问，要么具有"回首蓦见"的功夫，要么有"独上高楼"的勇气和"终不悔"的决心。读博一路走来，确实也经历了孤独、困顿和豁然开朗的心路历程。

作为博士生的学习已经结束，回首来时路，感慨万千，当年艰辛的考博经历又浮现在眼前，好在一切都已结束，一切又重新开始。彭剑锋老师的胸怀博大、量才识用，让我有幸成为彭门的博士弟子。在我眼里，彭老师酷似禅师，集学者和商界精英的气质于一体，从他身上我学到了做人、做事、做学问的方方面面。彭老师总是耐心教化着我这个愚钝的弟子，整个读博的过程，包括入学、求学、论文开题、论文定稿等处处凝结着老师的心血和鼓励，这厚重的师恩，令我终身难忘，也常常使我产生无以为报的惶恐。

在这里我还要感谢我的硕士生导师——首都经济贸易大学的吴冬梅

和赵慧军老师。两位老师亦师亦友，给予了我悉心的关照和教导。我的专业发展之路在硕士生学习阶段打下了良好的基础，使我以高分考入中国人民大学读博。感谢两位老师对我的培养！

还要感谢中国人民大学劳动人事学院众多教授在思想和专业理论上对我的培养，他们的教诲帮助我思考与成长。在这里要特别感谢以下老师：孙健敏老师、周文霞老师、程延园老师、石伟老师、杨伟国老师、林新奇老师、张丽华老师、刘松博老师、徐世勇老师、李育辉老师、管延军老师、王桢老师。对他们崇高的学术造诣、严谨的治学教学态度深表敬意和尊重。感谢学院罗琼老师、刘慧卓老师、张石磊老师、陈继馨老师做了许多耐心细致的学生工作，让我融入劳动人事学院的大家庭。

同时，感谢因为在彭老师名下读博士而结缘的彭门的兄弟姐妹和博士同学，我们不是亲人，胜似亲人。感谢师兄师姐（李芳、白洁、荆小娟、尹鹏飞、傅飞强、娄雅婷、薛冬霞）和师弟师妹（简富临、刘宇、潘鹏飞、白光林、王保祥、贾丹、徐智华）在日常的生活、学习、工作中给予我的帮助，我们一起治学、开会、讨论、聚餐，特别是我担任彭门博士班长以来，得到了大家积极的支持和配合。这段求学时光让我深深留恋。

还要感谢2011级博士班的同班同学，大家性格、志趣各异，成长背景不同，通过读书结缘于人大，成为我人生一笔宝贵的财富。忘不了英语课上，我们自编自导自演的英语短剧；忘不了专业课上，大家唇枪舌剑，各显风采；忘不了班级春游，搞怪大侠群体pose；忘不了中期考试结束，人大学子居餐厅我们把酒当歌；忘不了……．

感谢我的家人。我外出求学少不了妻子默默的付出和全力的支持，"军功章"有我的一半也有她的一半。感谢孩子，让我更有担当和责任感。感谢在京的妹妹、妹夫，在我读博期间给予我无私的照顾，这种血浓于水的亲情永驻心间。

谨以此书献给我伟大的母亲。她含辛茹苦，扶养我成人，没有她，就没有我的今天。她坚强的意志、乐观的精神，时刻在影响着我，促使我攀上学术的高峰，可惜"子欲养而亲不待"。

最后，向对本书的出版提出宝贵意见和建议的所有老师、专家、同行表示诚挚的谢意，并感谢所有曾经帮助过我的人，衷心谢谢你们！

前方的路依然很长，理想、信念和学术追求伴我前行！

孙利虎

2016 年 3 月